Indien Basics

von Ayurveda bis Bollywood

Alles, was ein Küchenguru braucht.

Tanja Dusy   Sebastian Dickhaut

Inhalt

Basic Rezepte

Basic Know-how

Indien ist nicht zu fassen. Aber gut zu essen.

Ayurveda oder Hare Krishna? Assam oder Lassi? Scharf oder sehr scharf? Da gibt's viele Antworten südlich des Himalaya.

Um sich auf Indien einzulassen, braucht es erst mal nur diese Einsicht: Es gibt dort nie nur eine Antwort auf eine Frage. Das fängt beim Glauben an und hört beim Kochen noch lange nicht auf. Doch weil Essen in Indien Leben ist, lässt sich daran die Vielfalt dieses Landes besonders gut zeigen. Im Norden werden die Speisen mit Brot zwischen den Fingerspitzen aufgenommen, im Süden vermischt man sie mit Reis in der Hand und isst sie auch gleich daraus. Für die einen ist dabei Rindfleisch tabu, für die anderen Schwein. Und wer herausfinden will, wo die Grenze zwischen Linse, Erbse und Bohne im Dal verläuft, wird so weit kommen wie bei der Frage: »Haben Sie Curry?« Eine Antwort kann sein: »Nein, aber Garam Masala!« Und das kann nebenan schon wieder ganz anders gemischt werden.

Indien ist nicht zu fassen. Was seine Küche so faszinierend macht. Wer einmal gut indisch gegessen hat, wird das immer wieder wollen: Wie der erste unscheinbare Bissen zart auf die Zunge trifft und nach dem üblichen »Oh, scharf!« eine aromatische Kettenreaktion abläuft, die so fein abgestimmt ist, dass es wie Magie scheint. In so einem Moment kann beim Inder am Eck die Einrichtung noch so kitschig und die Musik noch so schrill sein – plötzlich fühlt man sich dem Nirwana ein bisschen näher.

Und überhaupt: Der »Inder am Eck« kann heute auch richtig schick sein. Denn seit der Entdeckung von Ayurveda und dem Beginn des Bollywood-Booms ist bei uns Trend, was in Indien Tradition ist. Wir wollen dafür in diesem Buch die Basics für Küche und Esstisch liefern: Alles, was man wissen muss, um die richtigen Zutaten einzukaufen und vorzubereiten inklusive einem Grundkurs des Würzens. Dazu eine Einführung in die indische Gastfreundschaft einschließlich ein paar Tipps für Deko, Drinks und Desserts. Und schließlich die Rezepte: Über 100 Klassiker, regionale Spezialitäten und inspirierte Eigenkreationen, in Indien gesammelt und auf unsere Küche abgestimmt. Also über 100 Antworten darauf, wie Indien wirklich schmeckt. Versuchen Sie es zu fassen.

Know-how

Mehr als Curry

Indisch kochen heißt gefühlvoll würzen. Das üben wir jetzt mal.

»Kennst Du das Land, wo sie mit Curry würzen?« Indien ist es nicht – dort gibt man lieber Aroma mit Kreuzkümmel, Kardamom oder Koriander. Das kann zwar auch alles im Curry stekken, aber ... mehr hierzu auf der nächsten Seite. Und dann noch wie man wirklich würzt in Indien – dem Land, in dem Kochen immer etwas Magisches hat.

Heute koch' ich mal was Indisches ...

... und das Currypulver bleibt im Schrank. Weil indisch kochen völlig anders funktioniert – aber viel einfacher als man denkt.

Das gelbe Currypulver, das wir alle kennen, ist eine Erfindung der Engländer. Ein Souvenir aus der ehemaligen Kolonie und eine Idee, wie sie nur ein praktisch denkender Europäer haben konnte: die Aromen des ganzen Subkontinents in eine Gewürzbox gepackt, wie Berliner Luft in Dosen. Damit bekommt unser gutes, altes Hühnerfrikassee zwar sein Quäntchen Exotik und schmeckt dank Ananas auch nicht mal schlecht, aber leider kein bisschen indisch.
Tatsächlich kennt die indische Küche unzählige Gewürzmischungen – so bunt und vielschichtig in ihren Aromen und jede für sich so einzigartig wie das Land selbst.

Indien ist nicht zu fassen

Jeder Indien-Reisende kennt das: Einfach unglaublich, denkt man schon bei einer ersten Taxifahrt durch eine Stadt wie Delhi oder Bombay. Eingekeilt zwischen Motorrikschas, Lastenträgern und gemächlich umherstreifenden Kühen, bleibt einem gar nichts anderes übrig, als sich mit allen Sinnen einzulassen auf das, was da so abläuft: Ein Geschäftsmann in Anzug und mit Turban vereinbart per Handy Businesstermine, Frauen in grellbunten Saris balancieren riesige Wasserkrüge auf dem Kopf, während überall die Asketen in ihren orangefarbenen Kutten um ein Almosen betteln. Direkt am Straßenrand seift der Barbier seine Kunden ein, und der Teeverkäufer preist lautstark seinen Tschai an. Indien lässt sich nicht in Worte fassen, geschweige denn ein für allemal in den Griff kriegen – was ja auch die Briten erfahren mussten.

Mehr als eine Milliarde Menschen leben auf dem indischen Subkontinent – meistens in erstaunlich friedlichem Miteinander und doch getrennt durch die Regeln ihrer jeweiligen Kaste und Religion. In achtzehn Hauptsprachen und über tausend verschiedenen Dialekten beten sie zu ihren jeweiligen Göttern, von denen allein der hinduistische Olymp mehrere hundert kennt.
In über fünftausend Jahren kamen türkische Sultane, Mongolenfürsten, Araber, Portugiesen und Engländer. Ganze Reiche zerfielen, aber gleichzeitig überdauerte vieles: Uralte Weisheiten, wie Yoga und Ayurveda, und ein gelebter Glaube gehören genauso selbstverständlich ins heutige Leben wie die neuesten Hits aus Bollywoods Traumfabriken. Hightech und die rasant wachsende Wirtschaft lassen glitzernde Bürobauten gleich neben Slumhütten entstehen. Altes bleibt, Neues kommt dazu. Und gerade dieses Nebeneinander des scheinbar Unvereinbaren macht die verrückte Mischung Indien aus. Sie verwirrt, lässt es einem manchmal ein bisschen mulmig werden, aber sie erzählt auch jeden Moment von der ungeheuren Vitalität der indischen Kultur.

Wie Indien kocht

Ähnlich ist es mit der indischen Küche. Jede Region, jede Religionsgemeinschaft und fast jede Familie kennt ihre eigenen Rezepte. Eigentlich toll, weil dadurch eine unendliche Vielfalt an Gerichten geboten ist. Aber auch ganz schön undurchsichtig, allein, wenn man sich die vielen Essensregeln anschaut: Den Hindus sind ihre Kühe heilig, und für Moslems gelten Schweine als unrein. Die elitäre Priesterkaste, die Brahmanen, essen eigentlich kein Fleisch, dafür aber ab und zu Fisch und in manchen Gebieten dann doch hin und wieder ein Hühnercurry. Wer blickt da noch durch? Und dann die Sache mit den Gewürzen. Wie kriegt man das nur selber hin? Ein moderner Küchenguru sollte das entspannt sehen. Der Weg ins Küchennirwana ist einfacher, als man denkt. Wenn man ein paar Regeln befolgt und sich von einigen Vorstellungen befreit.

Kochen ist Würzen

Erst mal weg mit dem Currypulver. Weil Indien keine Universalwürze kennt, sondern tausend verschiedene, aufregende Masalas. Gewürzmischungen, die nicht fertig im Schrank stehen, um irgendwann ins oder übers Essen gestreut zu werden. Sie sind die Seele indischer Gerichte und bestimmen ihren Geschmack, ihre Farbe, ihren Duft. Sie sind im wahrsten Sinne des Wortes die Grundlage eines Gerichts. Nämlich als komplexe Kombinationen unterschiedlicher Aromen, in der einzelne Gewürze dann zusätzliche Akzente setzen können, wie in einem guten Parfum. Koriander, Kreuzkümmel, Nelken und vieles mehr werden geröstet, gebraten und in immer wieder neuer Reihenfolge mit den übrigen Zutaten gemischt. Nicht das Kochen selbst kostet Zeit in der indischen Küche, sondern die Vor- und Zubereitung der Gewürze.

Die richtige Mischung

Würzen ist keine Alchemie. Schmeckt ein Gewürz eher scharf, süß, sauer, bitter oder herb? Wer diese fünf Geschmacksrichtungen unterscheiden kann und auch die sechste, die salzige, nicht vergisst, der verfügt bereits über das Rüstzeug zum Küchenguru. Und ist damit auch dem Geheimnis des perfekten Würzens nicht mehr allzu fern. Das Ayurveda, die jahrtausendealte »Lehre vom langen Leben« sucht stets nach der rundum gesunden Mischung. Auch beim Kochen. Die sechs Grundgeschmacksrichtungen sollen zum harmonischen Ausgleich gebracht werden, auf dass alle Elemente zwar wahrzunehmen sind, aber keines von ihnen sich ungebührlich in den Vordergrund spielt. Wenn ich also in einer Sauce jede Menge Chili habe, sollten auch etwas süßliche Kokosmilch, milder Koriander oder eine Prise Zucker nicht fehlen. Alles sollte am besten so komponiert werden, dass sich die Aromen vor lauter Harmoniesucht nicht ganz aufheben und zum reinen Geschmacksbrei werden, sondern sich gegenseitig stützen und in Spannung halten.

Ob dieses Prinzip der bestmöglichen Balance tatsächlich lebensverlängernd wirkt? Auf jeden Fall zaubert es gut angewandt tolles Aroma. Und dazu muss man dann auch nicht gleich indische Küchenphilosophie studieren. Sondern einfach neugierig sein und ausprobieren: Wie riecht Kurkuma? Was passiert, wenn ich Kardamom röste, mahle oder anbrate? Wie schmeckt Zimt in unterschiedlichen Kombinationen? Das sorgt für Spannung und Harmonie im Kochtopf, tut Leib und Seele gut und ist auch fürs Karma prima!

Einfach loslegen

Mit indischen Gewürzen kochen will gelernt werden – mit Spaß und Experimentierfreude. Und das Schöne dabei: Mehr braucht es dann eigentlich kaum für richtig gutes, indisches Essen. Keine extravaganten Zutaten wie in anderen asiatischen Küchen, keine Misopaste und keine Fisch- oder Hoisinsauce. Dafür einfache, frische Zutaten, die man zum Glück meist kennt – und eben Gewürze. Etwas Chili, Ingwer und Garam Masala, und schon wird aus blassem Blumenkohl und Kartoffeln ein köstlich-würziges Aloo Gobi. Eine Offenbarung für alle, die bei den beiden Gemüsen erst mal an dicke, weiße Sauce dachten. Und nicht nur weil's besser schmeckt. Denn abgesehen vom Würzen ist indisch Kochen oft erstaunlich simpel und kaum anspruchsvoller als jede Mehlschwitze. Keine komplizierten Garmethoden, sondern ein paar Kniffe und Besonderheiten, die auf den Basic-Seiten erklärt werden. Und die finde ich bei den Rezepten, dort wo's mit der Praxis richtig losgeht.

Essen Sie Hindi?

Wer beim Lesen indischer Speisekarten nur Bahnhof versteht, braucht keinen Sprachkurs. Nur ein bisschen Durchblick.

Hindi ist in Indien offizielle Landessprache. Wer aber im äußersten Südindien per Wörterbuch stolz sein Tandoori-Huhn bestellt, kann Pech haben. Weil nämlich der Kellner nur eine der anderen achtzehn Hauptsprachen versteht. Oder weil er noch nie in seinem Leben ein Tandoori-Huhn gegessen hat.

Genau so, wie jede Region ihre eigene Sprache hat, pflegt jede Gegend ihre eigene Küche. Und das bedeutet nicht nur bestimmte Spezialitäten, sondern auch einen ganz eigenen Kochstil mit besonderen Zutaten, vor allem mit ganz typischer Würze. Das macht das Ganze zwar echt verwirrend, aber auch richtig spannend. Plötzlich stelle ich fest: Indisch ist nicht nur scharf, es kann auch sahnig-mild oder erstaunlich sauer sein. Und wer hätte es gedacht: Im Norden wird mehr Brot und im Süden eher Reis gegessen. Es gibt also jede Menge Unterschiede, aber auch viele übergreifende Gemeinsamkeiten. Und die lohnt es sich mal anzuschauen!

So isst der Norden

Brot isst im Norden Indiens jeder – egal ob Vegetarier oder Fleischesser. Es gehört einfach immer dazu, überall. Schon zum Frühstück – nicht mit Butter und Marmelade, sondern mit Gemüsecurry. Und zu jedem Essen – als Beilage und einziges Besteck, um Stückchen zu picken und Saucen zu stippen. Brot ist so basic, dass es meist nicht viel mehr ist, als ein einfacher Fladen aus Mehl und Wasser geknetet und anschließend blitzschnell auf einer heißen Eisenplatte gebacken. Dafür wird es aber zu jeder Mahlzeit frisch am heimischen Herd zubereitet und kommt nicht vom Bäcker, wie wir das kennen. Zum täglichen Brot gehört in Indien auf alle Fälle ein Schälchen Dal, und zwar in ganz Indien. Denn erst ein Dal, so der Sammelbegriff für all die mehr oder weniger suppigen Gerichte aus Hülsenfrüchten, macht eine Mahlzeit komplett. Speziell für Vegetarier sind Linsen, Bohnen und Co. wertvolle Eiweißlieferanten, die dazu noch richtig lange satt machen – nicht nur in Suppenform. Eingeweicht und zu Teig verarbeitet backen indische Hausfrauen daraus knusprige Fladen oder Krapfen, Küchlein oder Bällchen. Und weil Hülsenfrüchte eher neutral im Geschmack sind, setzt hier jede Region auf ihre eigene Würze. So sind im kühlen Norden alle wärmenden Gewürze willkommen, die dem Organismus richtig einheizen, ohne scharf zu sein: Nelken, Zimt, Kardamom oder gleich Garam Masala, die

gleichzeitig Wagenladungen an Gewürzen aus Indiens Süden. Findige Köche warfen alles in einen Topf und arbeiteten die persischen Lammgerichte zu Currys und Kormas, den Fleischragouts mit sahnigen Nusssaucen, um. Als Zeichen von höchstem Luxus geriet alles äußerst gewürzsatt, aber selten extrem scharf. Immer mehr verfeinerte sich die Küche: Aus einfachen Brotfladen wurden im Tandoor knuspriges Naan. Und aus den lockeren persischen Reis-Pilaws schuf man Pulaos und später die berühmten üppig geschichteten Biryani-Gerichte. Welch einen Glanz, was für überwältigende Düfte müssen derartige Tafeln verbreitet haben! Ein Fest für alle Sinne, die mit Rosenwasser besprenkelten und mit Silberblatt belegten vollen Schüsseln – edler geht's einfach nicht. Erst als die Engländer den Sitz ihrer kolonialen Hauptstadt von Kalkutta nach Delhi verlegten, war Schluss mit der Mogulnherrlichkeit. Geblieben sind uns aber zum Glück die Rezepte. Zwar nicht ganz anspruchslos in der Zubereitung, aber wahrhaft königliche Köstlichkeiten.

für nordindische Küche typische »heiße Mischung«. Im äußersten Norden Indiens, wo Getreide im Überfluss gedeiht, gibt es nicht nur die größte Auswahl an Rotis, Chapatis, Parathas, Pooris und wie die Brotfladen sonst noch alle heißen. Dort wird Fleisch deftig mit Zwiebeln und Knoblauch geschmort, und der berühmte Lehmofen, der Tandoor, glüht rund um die Uhr. Darin brutzeln rot gefärbte Hühner, Kebab und Tikka, herrlich marinierte Fleischstückchen an langen Spießen. Kommt uns das nicht bekannt vor? Wer hier an Şiş Kebab, Döner und türkische Tandir-Öfen denkt, liegt gar nicht falsch. Denn in Indiens Norden tummelten sich vor langer Zeit allerlei asiatische Steppenvölker, von denen das ein oder andere auch bis an den Bosporus gelangte. Schwer zu sagen, wer Tandoor oder Tandir erfunden hat, ob der Ofen aus oder erst nach Indien kam. Fest steht aber auf jeden Fall, dass sich hier im Norden Indiens eine ganz eigene Küche bildete. Und daraus entwickelte sich eine deutlich islamisch geprägte Hochküche, die es so nur in Indien gibt. Verantwortlich dafür sind die »Moguln«. Nie gehört?

Die Moguln waren wilde Mongolenreiter, die eines Tages genug von unter Pferdesätteln weich gerittenem Tatar hatten, sich zum Islam bekannten und in Delhi eines der prachtvollsten Reiche seiner Zeit gründeten. Ihr Vorbild war der persische Hof mit seiner unendlich raffinierten Küche. Karawanenweise kamen Zutaten wie Mandeln, Pistazien, getrocknete Früchte und Safran von dort,

So isst Südindien

Den unterschiedlichen Küchen des Südens ist eines gemeinsam: Sie sind reduzierter, leichter und oft frischer als im Norden. Also keine lange geschmorten, üppig gewürzten Saucen wie in der Mogulküche, sondern jede Menge fangfrischer Fisch und kurz gebratenes Gemüse, das oft erst am Ende mit wenigen, in Öl gerösteten Gewürzen abgeschmeckt wird.

Erstaunlich, wo es doch Händler aus fernsten Ländern und Kontinenten immer genau aufgrund dieser Schätze an die sagenhafte Malabarküste zog: Pfeffer, Kardamom

gerne schon zum Frühstück nur mit etwas Dal gegessen werden. Genial einfach und einfach genial. Der Süden beweist: Indische Küche kann auch ganz simpel und unprätenziös sein. Aber gleichzeitig so super aromatisch, dass man süchtig danach werden kann.

und Ingwer, einst die teuersten Gewürze der Welt, gedeihen hier im Überfluss. Hier werden wulstige Kurkumaknollen aus der Erde gegraben, tonnenweise Nelken zum Trocknen ausgelegt und Pfefferkörner immer und immer wieder gesiebt und aussortiert. Und vielleicht lässt ja gerade die harte Arbeit mit dem kostbaren Gut die Menschen dieses um so mehr schätzen.

Südindische Köche legen keine verschwenderisch dicken Würzteppiche über alle Gerichte. Sie setzen vielmehr punktgenau kleine, feine Aromakicks. Dafür darf es aber ruhig mal richtig scharf oder auch sauer sein, mit reichlich Chilis und Tamarinde oder Zitrone. In Verbindung mit der typisch südindischen Würzkombi aus bitter-scharfen Senfkörnern, süßlicher Kokosnuss, herben Curryblättern und einer Prise Salz wird daraus eine harmonisch, perfekt abgestimmte Mischung, die fast aus dem ayurvedischen Lehrbuch stammen könnte.

Und damit die nicht gestört wird, darf sich das Ganze meist auf einem Bett aus schneeweißem, duftigem Reis entfalten. Denn der macht nicht nur satt, sondern neutralisiert Chilischärfe und hebt gleichzeitig die Aromen der Gewürze. Reis ist daher fast so etwas wie das tägliche Brot Südindiens. Egal ob einfach nur gekocht als Beilage, gewürzt oder gemahlen in Reisfladen und Küchlein, die

Indiens offene Küche

Im Gegensatz zu den Chinesen, die jahrtausendelang ihr Süppchen hinter der großen Mauer kochten, war Indien immer offen – für arabische, portugiesische und viele andere Seeleute, die es an die Gewürzküsten zog, und für all die Herrscher aus Asien oder auch die Briten. Willkommen oder nicht, Indien hat sie alle aufgenommen und das Beste aus dem gemacht, was seine Gäste so im Handgepäck mitbrachten. Wie etwa aus den Teepflanzen, die erst die Engländer einführten. Teatime mit wahlweise Zitrone oder Sahne schaffte es aber nie, richtig populär zu werden, dafür wird an fast jeder Straßenecke Masala-Tschai angeboten: mit Gewürzen gekochter, zuckersüßer Tee. Echt indisch eben.

Und viele »indische« Zutaten kennen wir auch bereits. Weil sie ebenfalls Importe sind: Bohnen, Tomaten, Kartoffeln, Ananas und Cashewnüsse kamen erst nach Indien. Oder Chilis. Die gehören heute zwar so gut wie in jedes indische Gericht, stammen aber aus der neuen Welt – entdeckt von den Portugiesen auf der Suche nach Indien. Da sie einfacher und preiswerter anzubauen sind als Pfeffer, wurden die feurigen Schoten der Küchenhit schlechthin. Und was wäre Goas berühmtestes Gericht, das Vindaloo, ohne Chilis?

Die Indien-Vorrats-Basics

Was ich eh schon habe oder haben sollte: Zwiebeln, Knoblauch und Ingwer für feine Saucen; Kokosraspel, Cashewnüsse, gemahlene Mandeln für nussig-cremige Saucen. Dazu kommen dann noch zum ...

Kochen & Braten

Ghee ist eigentlich nichts anderes als ganz sauber gekochtes Butterschmalz – und das kann man dann auch gut als Ersatz nehmen. Wer den Buttergeschmack nicht ganz so gerne mag, verwendet einfach Pflanzenöl, am besten hocherhitzbare Sorten wie etwa Erdnuss-, Soja- oder Sonnenblumenöl.

Kokosöl erkennt man meistens nicht als Öl. Weil es nämlich bereits bei geringer Kälte zu weißem Kokosfett erstarrt. Es verleiht den Gerichten schon beim Braten den typisch südindischen Kokosaroma-Kick.

Backen

Chapati-Mehl gibt's unter dem Namen »Chapati Atta« im Asia-Laden. Da es aber eigentlich nicht mehr als ein grob gemahlenes Weizenmehl ist, passt normales Weizenmehl Type 1050 ebenfalls sehr gut.

Kichererbsenmehl (Besan) ist ein echter Allrounder: Es wird mit anderem Mehl gemischt zu Broten gebacken, zu Ausback-teigen gerührt oder sogar für Süßigkeiten verwendet. Weil es nämlich intensiv nussig und gar nicht mehlig schmeckt.

Abschmecken

Tamarinde kommt immer zum Einsatz, wenn es um feine Säure geht. Man kann sie als Schoten, als zu Blöcken gepresstes Mark und als Konzentrat kaufen. Letzteres schmeckt meist nur unangenehm süßlich und wenig sauer. Deshalb besser selber machen (siehe Seite 20). Notfalls kann Tamarinde auch mal durch Zitronen- oder Limettensaft ersetzt werden.

Zucker hat man immer im Haus. Für die indische Küche ist brauner Rohrzucker besser geeignet als weißer. Oder ganz authentisch: Jaggery, so heißt der zu Blöcken gepresste indische Palm- oder Rohrzucker, den es im Asia-Laden gibt.

Drüberstreuen

Koriandergrün wird oft auch »asiatische Petersilie« genannt und in Indien genauso verwendet: grob gehackt und mit beiden Händen großzügig über Gerichte gestreut. Oder zum »asiatischen Pesto«, nämlich zum Chutney, püriert. Damit Koriandergrün immer griffbereit schön frisch bleibt, einfach in ein feuchtes Stück Küchenpapier einwickeln und dann in einer Plastiktüte ins Gemüsefach des Kühlschranks legen – so hält das Kraut gut 3–4 Tage.

Minze heißt im Fall von indischer Küche immer »asiatische« oder grüne Minze (oft auch als marokkanische Minze bezeichnet). Wichtig: Bloß keine Pfefferminze nehmen, sonst schmeckt's nicht indisch, sondern nach Kaugummi. Aufbewahrt wird sie wie Koriandergrün. Und sollte keine im Haus sein, geht auch mal ein wenig getrocknete Minze.

Curryblätter findet man zum Glück immer häufiger frisch im Asia-Laden. Und nur so schmecken sie auch richtig, wenn man sie mitkocht oder anbrät und dann über ein Gericht wie etwa Dal streut. Sie brauchen nämlich Hitze, um ihr ganzes Aroma zu entfalten. Haben die Blätter dann damit ihre Schuldigkeit getan, werden sie aussortiert bzw. einfach nicht mitgegessen. Wer nur getrocknete Curryblätter bekommt, sollte auf jeden Fall mehr als angegeben nehmen – am besten doppelt so viel.

Das Indien-Basic-Gewürzregal

Das Indien-Basic-Gewürzregal

Knoblauch & Ingwer

Wo Knoblauch ist, ist in der indischen Küche auch Ingwer nicht weit: Fein gehackt oder püriert geben beide den meisten Currygerichten (also den meisten Saucen!) Aroma und Konsistenz. Die zitronige Ingwerfrische balanciert dabei das intensive Knoblaucharoma ideal aus. Ingwer wird in Indien fast ausschließlich frisch verwendet. Das heißt beim Einkaufen schön pralle, leicht glänzende Knollen wählen, die frisch und saftig sind.

Senf-körner

Die kleinen, kugelrunden, braunen oder schwarzen Körnchen ähneln im Geschmack unserem gelben Senf. Sie werden aber fast immer ganz verwendet und meist nur kurz in Öl gebraten, bis sie knistern und springen. So schmecken sie nussig und leicht scharf, braten sie zu lange, werden sie recht bitter. Vor allem in Südindien werden sie häufig in Verbindung mit Curryblättern angebraten und dann über ein Gericht gegeben.

Karda-mom

Ihn gibt's in Grün und Braun. Im Inneren der grünen Kapseln sitzen schwarze Samenkörner, die ganz frisch leicht klebrig sind. Ganzen Kardamom kann man von Anfang an in einem Gericht mitschmoren, gemahlenen dagegen besser erst am Ende dazugeben. Sein kampfer-frischer, zitroniger und leicht scharfer Geschmack macht sich besonders gut in süßen Sachen. Die braunen, großen Kardamom-kapseln sind dagegen super intensiv und werden fast nur unzerkleinert in Currys mitgeköchelt.

Fenchel

Dass die grünen, länglichen Samen gut für den Magen sind, wissen wir ja schon vom Tee. Drum kommen sie oft auch in Gerichte mit viel Fett oder blähenden Zutaten wie Zwiebeln. Und nach dem Essen steht das Schälchen mit den gerösteten Samen zum Knabbern bereit – als Digestif!

Bockshornklee

Hier verwendet man sowohl die Samen (Methi) wie auch die Blätter (Kasori Methi). Die steinharten, kantigen Samen schmecken anregend bitter und werden deshalb meist in Öl angeröstet – allerdings nur so lange, bis sie sich ganz leicht färben, sonst werden sie unangenehm bitter. Die getrockneten Blätter ebenfalls nur sparsam verwenden: Sie riechen intensiv, leicht bitter und fast schon eine Spur muffig. Trotzdem, mit Kartoffeln oder Dal sind sie super. Übrigens: Gemahlen gibt es diese Blätter auch bei uns unter dem Namen »Schabziegerklee« zu kaufen.

Amchoor - Mangopulver

Ganz typisch indisch: ein feines, graues Pulver aus getrockneten, grünen Mangos. Schmeckt ordentlich sauer und wird genau dazu verwendet: zum Säuern, aber auch als Zartmacher von Fleisch in Marinaden. Ersatzweise tut es auch mal ein Spritzer Zitronen- oder Limettensaft, den man über das fast fertige Gericht träufelt – denn für Säure wird auch Amchoor meist erst gegen Garzeitende dazugegeben.

Ajowan

Die kleinen, dunklen Samen werden auch als »Carom« bezeichnet. Ihr Aroma erinnert an Kräuter und liegt zwischen intensivem Liebstöckel und herbem Thymian. Ein idealer Kick für Linsen und andere Hülsenfrüchte – nicht zuletzt weil die Samen auch bei Blähungen helfen.

Asafoetida

Das pulverisierte Harz der »Ferula alliacea« wird auch »Teufelsdreck«, »Asant« oder »Hing« genannt. Der knofelige Geruch verschwindet, wenn das Pulver kurz in Öl angeröstet wird. Auf Knoblauch und Zwiebel kann man dann verzichten.

Pfeffer

Feurig und anregend soll er sein, ein echter Scharfmacher eben, der den Körper wärmend auf Hochtouren bringt. Das schätzt die ayurvedische Medizin an schwarzem Pfeffer, und darum wird er oft verschwenderisch und nur grob zerstoßen verwendet. Preiswerter und ein ebenso scharfer Ersatz für das einst teuerste Gewürz der Welt: Chilischoten.

Chilis

Frische, grüne Chilis kommen in so gut wie jedes indische Gericht: immer mit den Samen, in denen die meiste Schärfe steckt! Wer's milder mag, kratzt die Kernchen raus oder kocht die Schoten im Ganzen mit und fischt sie am Ende raus – so geben sie weniger Schärfe als gehackt ab. Getrocknete rote Chilis werden meist im Ganzen 1–3 Minuten mit angebraten – bis sie sich langsam aufblähen und zu färben beginnen. Für milde Schärfe und intensiv rote Farbe sorgt in Indien Kaschmir-Chili-Pulver. Da es hier kaum zu kriegen ist, passt als Ersatz in manchen Rezepten auch edelsüßes Paprikapulver.

Zimt & Nelken

Wer hier an Plätzchen und wohlige Wärme im Winter denkt, liegt gar nicht so verkehrt. Zimt und Nelken gelten in Indien als »heiße« Gewürze, die den Körper erhitzen und zwar meist durch herzhaftes Essen, in das sie bevorzugt kommen. Anstelle von ganzen Zimtstangen wird die etwas weniger aromatische, dicke Zimtrinde verwendet. Die entfalten ihr volles Aroma, wenn sie gut 3–5 Minuten in Öl oder Ghee brät. Nelken rösten schneller (etwa in 3 Minuten), daher besser etwas später zugeben.

Kreuzkümmel, Koriander, Kurkuma

Die drei gehören fast immer zusammen, wenn es um nordindische Currys geht. Süßlicher Koriander, leicht bittere Gelbwurz (Kurkuma) und die herben Kreuzkümmelsamen sind schon ein fast perfekt geschnürtes Gewürzpaket. Damit Koriander und Kreuzkümmel ihr volles Aroma entfalten, sollten die ganzen Samen am besten trocken geröstet werden. Koriander hält es dabei gut 5 Minuten aus, Kreuzkümmel sollte schon nach etwa 1 Minute aus der Pfanne; denn brennt er an, schmeckt er richtig brandig-bitter. Fast genau dasselbe gilt für das Braten in Öl. Sobald die Samen anfangen, sich dunkel zu färben, sollten sie raus oder Flüssigkeit ran. Übrigens: Wer im Asia-Laden schwarzen Kreuzkümmel (Shah Jeera oder Kala Jeera) findet – er schmeckt intensiver und rauchiger als der normale Kreuzkümmel.

Cha(a)t Masala

Leicht säuerliche, salzige Gewürzmischung zum Bestreuen von Salaten oder Raitas. Wer will, mischt sie aus 4 EL gemahlenem Kreuzkümmel, je 1 TL gemahlenem Ajowan und schwarzem Pfeffer, 2 EL Amchoor, 1/4 TL Chilipulver und 4 EL schwarzem Salz (heißt auch Steinsalz oder Kala Namak).

Panch Phoran

Die bengalische Mischung aus fünf ungemahlenen Gewürzen ist fix gemischt, aus jeweils der gleichen Menge Fenchel-, Schwarzkümmel-, Kreuzkümmel-, Bockshornklee- und Senfsamen.

Garam Masala

Die »heiße Mischung«, die Currys den letzten Pfiff verleiht. Fertig kaufen – oder selber mischen: Die Samen aus 15 grünen Kardamomkapseln mit 2 Lorbeerblättern, 1 EL schwarzem Pfeffer, 1 1/2 EL Koriandersamen, 3 EL Kreuzkümmelsamen, 2 Stück Zimtrinde (je 5 cm) und 1 EL Nelken im Mörser fein mahlen. Nach Belieben noch 1/4 TL gemahlene Macis oder Muskatnuss untermischen.

Mach's mal lieber einfach würzig

Zum indischen Kochen braucht es Gewürze. Aber wie wird daraus ein Curry?

Genauso wenig, wie es in Indien Currypulver gibt, genauso ergebnislos bleibt die Suche nach einem Curry. »Curry« ist nämlich nur eine Sammelbezeichnung, von den Engländern eingeführt, für all jene wunderbaren Gerichte, die in Indiens Töpfen und Pfannen schmoren. Abgeleitet von dem südindischen Wort »Kari« für »ein Gericht mit Sauce«. Und genau damit haben die Briten den Nagel auf den Kopf getroffen. Denn erst die Sauce macht's! Zum Niederknien, zum Auflöffeln und zum mit Brot aufwischen sind die sämigen Tunken, sodass das Fleisch darin fast Nebensache wird. Aber wie lautet die magische Zauberformel für perfekte Saucen? Einfach Würzen! Aber anders, als wir es gewohnt sind.

Mehr als Abschmecken

Wir würzen unsere Saucen meistens erst am Ende – hier noch ein Prischen Muskatnuss oder da auch mal einen Hauch von Currypulver. Und nennen das dann »Abschmecken«. Davor wird püriert, legiert, montiert und wer weiß, was nicht sonst noch alles. Und wozu der ganze Aufwand? Doch damit die Sauce fein und sämig wird. Das funktioniert in Indien gerade umgekehrt. Hier sind die Gewürze die Grundlage jeder Sauce, beziehungsweise fast aller Gerichte. Und daher wird am meisten Zeit auf die Arbeit mit den Gewürzen verwendet. Da wird richtig heftig Hand angelegt: Es wird gemörsert, gemahlen, geröstet und gebraten. Darum dreht sich alles, angefangen bei den Küchengeräten.

Werkzeuge für gute Würze

Klar, ich kann auch gemahlene Gewürze nehmen. Aber wenn ich wirklich volles Aroma möchte, mahle ich sie selbst. Ein echtes Muss daher: Ein stabiler, ausreichend großer Mörser, möglichst schwer und standfest, damit er nicht wegrutscht, etwa einer aus Granit. Damit lassen sich dann auch mal Knoblauch oder Ingwer zerdrücken, wenn keine Knoblauchpresse oder Ingwerreibe im Haus ist. Wobei sich so eine japanische Ingwerreibe aus Porzellan allemal lohnt. Ihre scharfen Zackenzähnchen zerfasern Ingwer feiner und schneller, als ein Messer ihn je hacken kann. Absolut unverzichtbar für jede indische Hausfrau: der Karhai, ein wokähnlicher Topf mit gewölbtem Boden. In ihm werden nicht nur Gewürze geröstet und angebraten, sondern überhaupt gekocht, geschmort oder frittiert. Für einen normalen Haushaltsherd hierzulande aber weitaus besser geeignet: Ein möglichst beschichteter, schwerer Wok mit flacher Standfläche, der nicht herumwackelt. Prima, wenn er einen Deckel hat, dann taugt er sogar zum Schmoren. Ansonsten geht zu diesem Zweck auch ein Deckeltopf oder Bräter – das spart Energie! Kaum zu glauben, im Wesentlichen ist das bereits alles, was es überhaupt an extra Geräten für die indische Küche braucht!

Rösten oder braten

Gekauftes Gewürzpulver ist grundsätzlich in Ordnung. Aber wie Kaffeebohnen entfalten die meisten Gewürze erst durch Hitze ihr volles Aroma. Und wie bei einmal gemahlenem Kaffee verduftet das leider ganz schön schnell wieder. Will ich es also richtig intensiv und würzig, röste ich die Samen und Körnchen trocken in der Pfanne und mahle oder mörsere sie anschließend selbst. Aber aus

Gewürzen lässt sich noch viel mehr rausholen. Vorausgesetzt, man gibt ihnen etwas Zeit. Ganz langsam braten indische Köche sie deshalb in Öl oder Ghee an. So bekommt nach und nach das Fett ihr volles Aroma ab und damit später das ganze Gericht. Je nach Gewürz kann das ein bisschen schneller oder länger gehen (genauere Angaben dazu stehen direkt bei den Gewürzen auf Seite 16 und 17). Profis streuen sie deshalb nacheinander in den Topf.

Etwas einfacher und fast genau so gut klappt das, wenn man mehrere Gewürze zusammen vorsichtig bei niedriger Temperatur röstet. Hier ist allerdings etwas Aufmerksamkeit gefragt: Es braucht einen Blick dafür, wie schnell sie dunkel werden, wie sich der Geruch verändert, wann sie anfangen zu britzeln, zischeln und knistern. Mit der Zeit bekommt man aber so ein echtes Gespür und Näschen dafür. Das ist bei ganzen Gewürzen überhaupt kein Problem. Bei gemahlenen besteht dagegen erhöhte Brandgefahr. Deshalb werden sie meist erst mit der Hauptzutat wie Fleisch oder Gemüse mit angebraten. Oder auch mal mit Wasser oder Öl zur Paste angerührt.

Möglichkeiten für 1001 völlig unterschiedlich schmeckende Currys! Und ganz nebenbei bringen sie Bindung und Konsistenz in jede Sauce. Jene sagenhafte Cremigkeit, die wir an indischen Gerichten so lieben!

Mehr für's perfekte Curry

Mit dem Anbraten der Gewürze fängt jedes Curry an. Sie geben den Grundcharakter meiner Sauce vor. Und alles, was noch dazukommt, setzt ergänzende Akzente und sanfte Gegengewichte. Wie zum Beispiel die gemahlenen Gewürze, die erst später ins kochende Gericht gestreut werden. Oder die Marinaden und Pasten, die kurz darauf mit der Hauptzutat oder danach in den Topf kommen. So sorgen Joghurt und Tomatenpüree für sanfte Säure, Kokosmilch und Nusspasten ausgleichend für feine Milde. Zwiebelpürees sind wandelbar und universell. Nicht zuletzt, weil es hier gleich drei Varianten gibt: Fein gerieben oder püriert bringen rohe Zwiebeln leichte Schärfe, die sich aber beim Kochen verflüchtigt. Gekochtes Zwiebelpüree schmeckt süßlich-mild und das Püree aus gebratenen Zwiebeln leicht karamellig-süß. In Verbindung mit allen Gewürzen ergeben sich so die

An die Töpfe, fertig, los!

Jetzt heißt es nur noch: Trau dich. Aber auch: Sei gut vorbereitet. Denn speziell für indisches Essen gilt: Gut organisiert ist halb gekocht. Und: So ganz auf die Schnelle läuft nichts. Also lieber gleich gemütlich Gewürze rösten, mahlen, Pasten pürieren und Zutaten klein schnippeln oder eventuell etwas marinieren. Kleiner zusätzlicher Tipp: Wer seine Gewürze vorher abmisst und in kleinen Schälchen nach Zubereitungsreihenfolge zurechtlegt oder schon mischt, kommt am Herd gar nicht erst in Hektik. Dann bleibt um so mehr Zeit zum Probieren – am besten, immer mal wieder, um ein Gespür dafür zu kriegen, wie sich die Gewürze entfalten und wie die Sauce ihre Konsistenz langsam ändert. Und am Ende darf dann auch noch abgeschmeckt werden. Aber bitte nicht mit Currypulver, sondern zum Beispiel mit etwas Garam Masala oder frischem Koriandergrün – das ist typisch indisch!

Die 9 Basic-Supertricks

fürs perfekte indische Kochen

Tamarinde auspressen

1• Einzelne Stücke mit einem Messer vom gepressten Mark abschneiden und in ein Schälchen geben. 2• Mit kochend heißem Wasser übergießen (Faustregel: auf 1 gut gehäuften EL Mark etwa 100 ml Wasser). Mindestens 10–15 Min. einweichen. Am besten zwischendurch mal umrühren und das Mark mit den Fingern etwas zerzupfen. 3• Eingeweichtes Mark samt Wasser durch ein feines Sieb in ein Schälchen gießen. Dann das dicke Mark mit einem Löffel so fest wie möglich durch das Sieb pressen und den Extrakt verrühren.

Kokosnuss knacken

1• Nuss mit den schwarzen »Augen« nach oben hinstellen, festhalten (hinknien und zwischen die Knie klemmen oder helfen lassen). 2• Mit dem Schraubenzieher an einem Auge ansetzen. Mit dem Hammer zuschlagen, bis die Nuss durchbohrt ist. Loch vergrößern, damit sich das Kokoswasser gut abgießen lässt. 3• Kokosnuss hinlegen, mit der Hammerspitze in der Mitte, entlang des »Äquators«, daraufschlagen und öffnen. Bei Bedarf wiederholen. 4• Das Fruchtfleisch einschneiden, Messer vom Rand her zwischen Fleisch und Schale schieben, Fleisch »raushebeln«.

Ghee selber machen

1• Für 400 g Ghee 500 g Butter würfeln, in einen Topf geben. Unter Rühren sanft schmelzen lassen, nicht bräunen. 2• Dann kurz aufkochen und aufschäumen lassen und die Hitze sofort wieder auf kleinste Stufe stellen. 3• Gut 30 Minuten köcheln lassen. Dabei den Molkeschaum mit dem Löffel abnehmen. 4• Sobald die Butter klar und goldgelb ist, ist das Ghee fertig. 5• Durch Küchenpapier in ein Schraubglas gießen. Abgekühlt verschließen. Im Kühlschrank hält es mehrere Monate. Übrigens: Ghee gibt es im Asia- und Bio-Laden zu kaufen. Ersatz: normales Butterschmalz.

Gewürze mörsern

1• Die ganzen Gewürze in den Mörser (sehr gut ist ein großer, schwerer Mörser aus Stein) geben und zunächst mit dem Stößel mit knappen Stößen grob zerkleinern. Dabei den Stößel möglichst senkrecht halten. 2• Dann den Stößel mit kreisenden Bewegungen und leichtem Druck im Mörser rundherum bewegen und die Gewürze zu feinerem Staub zerquetschen und zermahlen.

Kardamom anquetschen

1• Kardamomkapseln mit einem kleinen spitzen Messer an einer Seite aufritzen. 2• Mit dem Mörserstößel die Kapseln samt den enthaltenen Samenkörnern leicht anquetschen – so entfalten sie optimal ihr Aroma.

Gewürze trocken rösten

1• Gewürze in eine Pfanne geben und bei mittlerer Hitze unter Rühren rösten, bis sie duften. Achtung: Ideal, um die Gewürze anschließend zu mahlen.

Gewürze in Fett rösten

1• Öl oder Ghee im Wok erhitzen. Darin Gewürze bei mittlerer Hitze unter Rühren rösten, bis sie die Farbe ändern oder es leise knistert. 2• Gewürze rösten unterschiedlich schnell, darum nacheinander ins Fett geben. Lange Röstzeit: Nelken und Zimtstangen; etwas kürzer: Lorbeerblätter, Kardamom, Chilis, Koriander; kurz: Senfsamen, Bockshornklee, Kreuzkümmel.

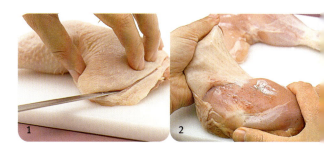

Fisch einschneiden

1• Mit einem Messer mit scharfer, dünner, biegsamer Klinge die Haut und das Fleisch des Fisches etwas oberhalb des Kopfes an der Rückenflosse einstechen. 2• Dann die Messerklinge am Fischrücken entlang der Gräten nach hinten in Richtung zur Schwanzflosse führen und so eine tiefe Tasche einschneiden.

Hähnchenkeulen häuten

1• Die Haut am unteren Teil leicht einschneiden. 2• Hautenden etwas lösen, greifen und die ganze Haut nach oben über den Knochen ziehen. Abschneiden.

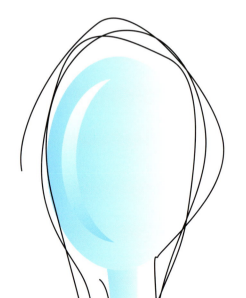

Teller trifft Thali

Bitte ruhig zugreifen: So wird die Wohnküche zum Mogulnpalast.

Als Brücke zwischen Asien und dem Morgenland war Indien immer ein besonderer Ort. Auf der einen Seite die kulinarisch hochgebildeten Köche des Ostens, auf der anderen Seite die wahrhaft begnadeten Gastgeber des Orients. Und dazwischen die Thalis der Inder, kleine Bankette auf einem Tablett, serviert mit einem Lächeln. Nehmen Sie Platz.

Tafeln wie ein Maharadscha

Das klingt doch wunderbar! Richtig märchenhaft. Feiern mit Pauken und Trompeten, Prunk und Gloria. Bleibt nur die Frage: »Wer macht den ganzen Abwasch?«

Ein Traum, so ein Festgelage, wo Diener mit Turbanen schüsselweise safrangelben Reis auftragen und juwelengeschmückte Damen kokett honigtriefende Süßigkeiten naschen. Dazu der Duft von Sandelholz, Jasminblüten und Rosenblättern, die von der Decke rieseln. Der Alltag indischer Hausfrauen sieht allerdings doch ein wenig anders aus. Steht eine Feier an, wird rund um die Uhr gekocht, notfalls Tage im Voraus. Weil für Gäste das Beste gerade gut genug ist. Aber, bei aller Gastfreundschaft, das kann auch etwas entspannter ablaufen. Das heißt nicht, dass ich nicht mein Bestes gebe. Nämlich beim Auswählen eines tollen Menüs, dessen Vorbereitung mich nicht umbringt und mir genug Energie lässt, ganz für meine Gäste da zu sein, später beim gemeinsamen Tafeln.

Essen wie in Indien

Es muss ja nicht gleich das große Fürstenbankett sein. Wie wär's zum Anfang mal mit ganz normalem indischen Essen? Gut, wenn ich da weiß, wie in Indien gegessen wird. Nämlich genau wie bei uns, dreimal täglich. Morgens Brot mit Gemüse oder gedämpfte Reisküchlein mit Dal, mittags und abends gibt es möglichst für jeden ein Thali. Thali heißt übersetzt einfach »Teller« und ist auch meist nichts weiter, als ein großes Metalltablett, auf das unterschiedliche Gerichte nebeneinander gehäufelt sind – je nach Geldbeutel oder Anlass mehr oder weniger. Vorspeisen gibt es keine und Desserts nach dem Essen auch nicht. Schade eigentlich. Aber an Festtagen reihen sich dafür auf so einem Thali Schälchen mit Fleisch, Fisch, Gemüse, Linsen und Raitas aneinander, rund um die locker geschichtete Reispyramide in der Mitte. So kunterbunt und wunderbar duftend, dass man gar nicht weiß, womit man anfangen soll.

Die Qual der Wahl

Klingt doch super, die Idee mit dem Thali. Denn wenn alles fertig auf dem Teller liegt, bleibt alle Zeit der Welt für die lieben Gäste. Also lautet die Devise erst mal: Rezepte anschauen! Es soll schließlich nicht irgendwas auf den Thali-Teller, sondern eine möglichst gelungene Zusammenstellung. Und dazu folgen wir doch einfach wieder dem magischen Mantra von der größtmöglichen Harmonie: Wie beim Kombinieren von Gewürzen beim Kochen, sollen sich auch beim Essen die Aromen ergänzen. Und nicht nur die, sondern möglichst auch noch die Texturen der Speisen und ihre Farben – damit alle Sinne was davon haben. Wer also ein scharfes Fleischgericht mit viel brauner Sauce zum Mittelpunkt seines Menüs bestimmt, wählt dazu passend den trockenen, mild gewürzten Spinat und ein leuchtend gelbes Dal mit crunchy frittiertem Blumenkohl drin. Eigentlich gar nicht

so schwer. Ganz ähnlich wie bei einem guten Menü, bei dem sich die einzelnen Gänge nacheinander ergänzen. Und genau wie ich da die Gängezahl variieren kann, so lässt sich mein Thali-Menü nach Lust und Laune im Baukastensystem bestücken.

Für eine kleine Einladung fangen wir am besten mal ganz basic mit Fleisch, Gemüse und eventuell einem Dal an. Der Reis dazu ist ebenfalls fix gekocht. Praktischerweise sind alle Rezeptportionen hier im Buch für Kombis dieser Art angelegt, sodass jeder satt wird. Bei mehr Leuten und mehr Zeit, steigere ich mich zum Deluxe-Thali, das selbst Inder beeindrucken dürfte: mit Fleisch oder Fisch, ein bis zwei Gemüsegerichten, flüssigem und trockenem Dal, Joghurt und/oder Raita, zwei unterschiedlichen Chutneys und Pickles, Salat und natürlich Reis und Brot, dazu vielleicht sogar noch ein Schälchen mit was Süßem. Hier muss dann nicht unbedingt jedes Rezept genau auf die Gästeanzahl umgerechnet werden. Vollkommen klar, denn wenn viele Gerichte auf dem Tisch stehen, nimmt man automatisch weniger von jedem – es will ja schließlich alles probiert werden.

Kochen und kochen lassen

Ein perfekt zusammengestelltes Menü ist das eine. Aber etwas Luft und meditative Ruhe beim Vorbereiten das andere. Drum wähle deine Rezepte nicht nur gut, sondern auch clever aus! Wieder nach dem Prinzip der ausgewogenen Kombination aus Gerichten, die bequem vorzubereiten sind und welchen, die kurzfristig und fix gemacht sind. Da hilft es ungemein, dass viele Fleischcurrys und Dals auch ruhig mal etwas länger alleine vor sich hin schmurgeln können. Oder später, noch mal aufgewärmt, fast noch besser schmecken. Und während ich mal eben schnell die Garnelen im Wok rühre, bleiben Fleisch, Gemüse, Dal und Reis im Backofen schön heiß – bei 60 Grad und abgedeckt in Topf oder Schüssel. Raita und Chutney ziehen derweil im Kühlschrank richtig durch. Ebenfalls gut zum Entstressen: Nicht nur selber machen, sondern auch mal gelassen selber kaufen: Chutneys und Pickles aus dem Asia-Laden, Naan-Brot zum Aufbacken oder türkisches Fladenbrot, was auch gut passt. Oder man macht es sich beim Selberkochen mal ganz einfach: Schälchen mit Gurken- und Tomatenscheiben oder Naturjoghurt, Mango- und Papaya-stückchen mit auf dem Tisch sind eine prima Erfrischung bei einem scharfem Curry-Dinner.

Mein Tisch ist mein Thali

Auch wenn mein Heim kein Maharadscha-Palast ist: Die Gäste wollen königlich empfangen sein. Etwa mit einem kleinen Gläschen Lassi als Begrüßungsdrink und ein paar Häppchen vorneweg, bis alle eingetrudelt sind, zum Beispiel gerösteten Pappadum-Fladen aus dem Asia-Laden und Gemüsesticks zum Dippen in selbstgemachte Raita. Oder wenn die Zeit reicht, auch mal selbst frittierten Gemüsestückchen oder Hähnchen-Tikka. »Au fein, gerne!«, sagen da die Gäste und freuen sich um so mehr, wenn's endlich heißt: Bitte zu Tisch! Dort warten nämlich schon die einzelnen Teller auf den großen Thali-Auftritt. Und mir als Gastgeber bleibt die Wahl, jedem seinen Thali eigenhändig anzurichten oder einfach die Gerichte in Schüsseln samt Reis in die Mitte des Tisches zu stellen. Daraus darf sich dann jeder einfach selber nehmen, was und wieviel er möchte. Guten Appetit! Moment mal, da fehlt doch noch was? Klar, was zum Durst stillen! Denn auch wenn in Indien meist nichts zum Essen getrunken wird: Frisches Wasser, kühles Bier oder einen leichten Weißwein finden wir ganz prima. Prost! Und danach gibt's noch einen Masala-Tee oder auch ein Dessert. Für die Rezepte dafür bitte auf Seite 30–33 blättern.

Der Indien-Basic-Tisch

Echt dufte

Da fühlen sich die Gäste doch gleich wie im Maharadscha-Palast. Aber nur, wenn ich die richtigen Räucherstäbchen oder Duftkegel anzünde: sanfte Blütenaromen, Frisches wie Zitronengras oder süßliche Orange und leicht würzige Noten wie Zimt oder auch mal Sandelholz. Besser Finger weg von Patschouli und Moschus. Sonst hat man gleich die Hippie-Räucherhöhle. Deshalb möglichst auch vorab schon mal ausprobieren, wie intensiv das Duftwerk ist. Je nachdem, dann einfach nur zur Hälfte abbrennen lassen und eventuell schon wieder ausmachen, kurz bevor die Gäste einlaufen. So bleibt nur ein sanfter Hauch von Indien im Raum zurück und es gibt garantiert kein Kopfweh.

Der Indien-Basic-Tisch

Er-frischend

Ein Minzebonbon gegen die Knoblauch-fahne – das kennt man. Etwas feiner geht es in Indien zu. »Supari« heißen da die bunten Mischungen, die nach dem Essen nicht nur für frischen Atem, sondern auch für eine gute Verdauung sorgen sollen. Deshalb ist oft magenberuhigender Fenchelsamen die Grundlage. Zu kaufen gibt es sie fertig im Asia-Laden. Oder selber machen! Einfach den Fenchelsamen trocken rösten und mit grob gemahlenem weißen Kandis oder bunten zuckrigen Liebesperlen mischen.

Schäl-chen

Die brauchen wir fürs Dal und eventuell für Joghurt. Und weil Linsen & Co. echte Sattmacher sind, eher keine Müsli- oder Milchkaffee-schalen nehmen. Besser sind hier kleine Dip- oder sogar Dessertschälchen, die eine kurz-zeitige Zweckentfremdung sicher nicht übel nehmen. Farbe und Form: rund ist schön, aber nicht zwingend notwendig, und ob weiß oder bunt – entsprechend zu den Tellern oder als bewusster Kontrast – erlaubt ist, was gefällt! Für Dal immer gleich noch einen Löffel zu den Schälchen legen.

Blüten-meer

Klar, ich muss meine Gäste ja nicht gleich mit Blumen-girlanden um den Hals empfangen. Aber der Brauch, jemanden mit duftigen Blüten willkommen zu heißen, hat was. Allein schon, weil etwas blühende Farbe auf dem Tisch gute Laune macht und auf kommende Genüsse einstimmt. Dazu braucht es auch kein riesiges Bukett oder kompliziertes Ikebana-Gesteck. Indische Blütenpracht entfaltet sich bereits mit schlichten, einzelnen Blüten in mehreren hohen Gläsern oder kleinen Glasflaschen über den ganzen Tisch verteilt. Very indisch: In der Mitte der Festtafel eine flache Schale mit Wasser, in dem Rosenblätter schwimmen – einfach edel und perfekt. Wer bei Tischdecke und sonstiger Deko spart, kann hier ruhig noch eins draufsetzen und Blütenblätter über den Tisch streuen. Nur nicht zu früh, damit sie einen ganzen schönen langen Abend durchhalten. Keine Lust auf Blumengebinde? Wie wär's dann mit einem Sträußchen roter und grüner Chilischoten? Die kann dann jeder zum Kochen gleich mit nach Hause nehmen.

Stoff zum Träumen

Nichts ist indischer als ein Sari. Und der macht sich auf dem Tisch allemal besser als an einer blasshäutigen Gastgeberin. In Sachen Tafelwäsche darf ruhig mal richtig geschwelgt werden: Mit Samt, Seide und Brokat, mit Goldfäden durchwirkt und mit Perlen bestickt – das sieht super nobel aus. Genauso perfekt: ein Stück Rohseide vom Schnäppchentisch. Und wer Glanz und Flitter liebt, streut einfach noch ein paar Pailletten oder Strass-steinchen auf.

Gläser & Gläschen

Eins ist sicher: Getrunken wird bei indischem Essen mehr als sonst, da viele Speisen hot und spicy sind. Also stelle ich am besten gleich einen ganzen Krug mit Wasser auf den Tisch. Und Wassergläser, in die ordentlich was reinpasst. Für's Lassi davor gibt es aber nur Gläschen, weil sonst alle gleich pappsatt sind. Schade? Zum Ausgleich einfach die hübschen, kleinen, arabischen Teegläser nehmen, die sind eine wahre Augenweide.

Willkommensgruß

Eigentlich haben Tischkarten ja oft was unangenehm Förmliches und sind eher ziemlich out. Andererseits will ich, dass mein Gast spürt, dass er mir wichtig ist. Dass er willkommen ist. Und dass ich gerade ihn und niemand sonst heute Abend bei mir am Tisch sitzen haben möchte. Dann sind Tischkarten (und auch Einladungen) doch toll: Wenn sie Lust auf das kommende Ereignis machen und stimmiger Teil in der Gesamtdeko sind. Es macht doch Appetit, wenn ich die Menüzusammenstellung nett aufgeschrieben bei mir am Platz finde. Mit meinem Namen, weil's ein Dinner nur zu meinen Ehren ist. Das nenne ich dann Gastfreundschaft und fühle mich gleich ganz wie zu Hause.

Thali & Teller

Bloß nicht diese Blechteile nehmen, die es im Asia-Laden gibt und die an Kantine oder Schlimmeres erinnern. Die sieht man zwar in Indien auch oft, aber »Thali« heißt nun erst mal einfach nur »Teller« und nicht Blechnapf. Darum ersetzen wir die Aluplatten ganz einfach durch schöne, große Teller. Möglichst flach und nicht zu sehr gewölbt, dass die Saucen der einzelnen Gerichte nicht ineinanderlaufen. Und für das Brot oder die Pappadum-Fladen zum Knabbern gibt's noch einen kleinen Teller extra daneben. Beide sollten am besten schlicht weiß oder auf jeden Fall einfarbig sein. So kommen nicht nur die Gerichte besser zur Geltung, sie passen zudem zu fast jedem Untergrund: zur Sari-Decke, den Tischset-Bambusmatten oder zum Bananenblatt. Die liegen als lange Stücke oder bereits fertig rund zugeschnitten in der Kühltheke im Asia-Laden – der perfekte Einmal-Platzteller. Aber bitte immer erst feucht abwischen und trockenreiben, bevor Teller und Besteck draufkommen. Als Kontrastprogramm zum Naturlook mit Bananenblatt und rustikalen Tellern, kann in Sachen Unterlage natürlich auch jeder seine Bollywood-Träume schamlos ausleben. Frei nach dem Motto: Kitsch as Kitsch can, ist alles erlaubt, was quietschebunt und schrill ist – vom Tischset mit dem aufkopierten Filmplakat bis zum Tapetenausschnitt mit rosa Elefanten. Da dann den Glitzerarmreifen aus dem indischen Geschäft als Serviettenring gleich dazulegen. Alles genau richtig für den Bollywood-Style!

Löffel & mehr

Schön, wer das Mit-den-Fingern-essen mal probieren will, bitte. Servietten liegen ja am Platz, und in Indien reicht man die in manchen edlen Lokalen dann gleich oft tischtuchgroß zum Umbinden. Keine Lust auf Lätzchen? Dann vielleicht doch lieber den Löffel nehmen. Der passt gut, weil im Regelfall fast alle Zutaten mundgerecht zugeschnitten zubereitet sind. Aber mal ehrlich: Messer und Gabel sind doch nicht so verkehrt, oder?

Darf's noch etwas zu trinken sein?

An indischen Tafeln geht es eigentlich eher trocken zu.
Muss es aber nicht.

Wasser löscht am besten den Durst und ist dazu noch
neutral bei stark gewürzten Speisen. Klar. Aber ein Bier
oder ein Gläschen trockener Weißwein sind zu indischem
Essen auch nicht so schlecht. Und wenn schon Wasser,
dann richtig indisch aufgepeppt, und davor ein Lassi und
danach einen Gewürztee. Das lassen wir uns gefallen!

Zitronen(-Ingwer)-Wasser

Heißt in Indien »Nimbu Pani« und gibt es an jeder
Straßenecke. Dafür einfach je 1 Zitrone und Limette auspressen und den Saft mit 1–2 EL Zuckersirup mischen.
Dann mit eiskaltem Mineralwasser auffüllen (je nach
gewünschter Verdünnung 3/4–1 l). Soll Ingwer dazu,
zusätzlich etwa 6 cm ganz frischen Ingwer schälen und
mit der Reibe so reiben, dass möglichst viel Saft ensteht.
Den dann mit Zitrussaft und Zuckersirup mischen.

Melonen-Granatapfel-Limonade

Für 4 große Gläser 250 g geputzte Wassermelone in
Stücke schneiden. Mit 2 EL Zitronensaft und 4 EL Grena-
dine (Granatapfelsirup) in der Küchenmaschine pürieren.
Die Gläser gut bis zur Hälfte mit grob zerstoßenem Eis
füllen und das Fruchtpüree darübergießen. Dann bis zum
Rand mit Soda- oder Mineralwasser auffüllen. Jetzt über
den fertigen Drink nach Wunsch noch je 1/2 TL Rosenwasser träufeln und mit Minzeblättchen verzieren.

Salziges Lassi

Eine Pfanne bei mittlerer Hitze warm werden lassen.
Darin 1 TL Kreuzkümmelsamen rösten, bis sie duften,
anschließend abkühlen lassen und im Mörser grob
mahlen. 12 schöne Minzeblättchen waschen, 4 davon
zum Garnieren weglegen, den Rest grob hacken. Dann
500 g Joghurt (es sollte vollfetter sein) mit dem Kreuzkümmel, gehackten Minzeblättchen, etwa 1/2 TL Salz,
1 Spritzer Zitronensaft und 10–12 Eiswürfeln in die
Küchenmaschine geben und so lange pürieren, bis ein
cremiger Drink entstanden ist. Auf 4 Gläser verteilen
und mit den übrigen Minzeblättchen garnieren.

Süßes Safran-Lassi

Etwa 15 Safranfäden zerreiben und mit 5 EL möglichst heißer Milch verrühren, 15 Minuten ziehen lassen. Dann mit 1 Msp. gemahlenem Kardamom, 500 g Joghurt (es sollte vollfetter sein) und je nach Geschmack 2–3 EL Zucker verrühren. Anschließend mit 15 Eiswürfeln in der Küchenmaschine schön schaumig mixen und sofort in 4 große Gläser gießen.

Indischer Gewürz-Tee

Für Masala-Tschai etwa 6 cm Zimtrinde, 4 grüne Kardamomkapseln, 5 Nelken und 6 schwarze Pfefferkörner im Mörser grob zerstoßen, in einen Topf geben. Anschließend etwa 2 cm frischen Ingwer waschen, halbieren und im Mörser anquetschen. Die Gewürze bei mittlerer Hitze anrösten, bis sie duften, dann 1 l Wasser und den Ingwer dazugeben und 15 Minuten köcheln lassen. 1/4 l Milch und 1 EL starken, feinpulverigen Schwarztee (Broken) dazugeben und gut 3 Minuten bei großer Hitze kochen, dabei kräftig rühren. Durch ein Sieb gießen, mit 2–3 EL Zucker süßen. Masala-Tschai muss richtig süß sein!

Grüner Kaschmir-Tee

In einen Topf etwa 1 l Wasser, 1/4 TL gemahlenen Zimt, die gemahlenen Samen von 4 grünen Kardamomkapseln, 10 Safranfäden und 5 Mandeln geben. Einmal aufkochen, vom Herd ziehen und 2 TL grünen Tee (Gunpowder) einrühren. Zugedeckt 3 Minuten ziehen lassen, dann durch ein Sieb gießen und mit 2–3 EL Zucker süßen. Wer will, kann auch noch ein bisschen Milch hineingeben. Den Tee in kleinen Gläschen servieren.

Mango-Lassi

Dafür 2 superreife, möglichst faserfreie Mangos schälen, das Fruchtfleisch längs vom Stein schneiden und grob zerschneiden. Mangostücke mit 2 EL Zucker, 2 Msp. gemahlenem Kardamom, 500 g Joghurt und etwa 12 Eiswürfeln in der Küchenmaschine schön cremig mixen. Auf 4 Gläser verteilen. Wer will, streut noch ein paar Kokosraspel oder Liebesperlen drauf. Übrigens: Von April bis Ende Juni/Anfang Juli gibt es im Asia-Laden manchmal indische Alphonso-Mangos. Dann sofort zugreifen. Sie sind zuckersüß und herrlich aromatisch – ideal für Lassi. Und wer keine frischen Mangos bekommt, nimmt einfach Alphonso-Mangopüree aus der Dose (heißt meist Mango-Pulp). Statt Mangos passen aber auch mal reife Bananen oder Aprikosen prima in ein Frucht-Lassi.

Südindischer Kaffee

2 cm frischen Ingwer schälen, halbieren und mit 7 grünen Kardamomkapseln und etwa 6 cm Zimtrinde im Mörser zerdrücken. Dann mit 1/2 l Milch, 1/4 l Wasser und 3 EL frisch gemahlenem Kaffee in einen Topf geben. Das Ganze einmal aufkochen und dann 3 Minuten bei kleiner Hitze köcheln lassen. Anschließend durch ein feinmaschiges Sieb abgießen und mit gut 2 EL Zucker süßen. Mit einem Schneebesen oder einem Milchaufschäumer möglichst schaumig aufmixen und in kleine Gläser gießen.

Lust auf Süßes?

Richtig ungewöhnlich und manchmal reichlich kunterbunt – mit indischen Süßigkeiten ist das Bollywood-Dinner perfekt.

Desserts nach dem Essen kennt man in Indien so nicht. Lediglich an Festtagen gibt es Naschereien, oft in Form kleiner Konfekthäppchen, die Gästen gereicht werden. Im Alltag begnügt man sich eher mit etwas frischem Obst nach den würzigen Speisen. Das ist ja auch nicht ganz verkehrt, weil ein gutes Curry wirklich oft schon herrlich satt macht. Aber so ein kleiner süßer Happen ... Übrigens: Indische Lebensmittelgeschäfte bieten inzwischen häufig auch typische Süßigkeiten an.

Mandelkonfekt

»Barfee« erinnert an Marzipan und ist genau richtig zu einer Tasse Tee oder Kaffee nach dem Essen. Dazu 100 g Zucker mit etwa 70 ml Wasser bei mittlerer bis starker Hitze in etwa 5 Minuten zu einem dünnen Sirup einkochen lassen (er sollte nicht zu dickflüssig sein). Vom Herd nehmen und 3 EL Rosenwasser einrühren.

250 g möglichst fein gemahlene, gehäutete Mandeln mit etwa 3/4 TL fein gemahlenem Kardamom mischen. Die Mandeln in einer Pfanne ohne Fett bei kleiner Hitze ganz leicht rösten, bis sie duften – sie sollten aber auf keinen Fall bräunen. Dann sofort zügig unter den Zuckersirup mischen und alles zu einem eher trockenen Brei verrühren. Den Mandelbrei auf einem mit Frischhaltefolie belegten Teller 1 cm dick ausstreichen oder, noch besser, in eine mit Folie ausgelegte Form geben und gut festpressen. Für etwa 3 Stunden in den Kühlschrank stellen.

Dann in rund 25 Quadrate oder Rauten schneiden. Barfee hält sich einige Tage, muss aber gut in Alufolie verpackt werden, sonst trocknet es aus.

Wer will, kann das Mandelkonfekt auch einmal mit gemahlenen Cashewnusskernen oder einer Mischung aus Mandeln und Pistazien machen. Besonders hübsch sehen die Stückchen aus, wenn man sie mit Silberblatt belegt oder jeweils einen Pistazienkern oben eindrückt.

Süße Kichererbsenbällchen

Für etwa 25 »Ladoos« 80 g Ghee im Wok oder in einer großen, beschichteten Pfanne schmelzen. 200 g Kichererbsenmehl, 3 Msp. gemahlene Macis (Muskatblüte; ersatzweise 2 Msp. frisch geriebene Muskatnuss), 1/4 TL gemahlenen Kardamom und 6 EL Kokosraspel zugeben und bei kleiner Hitze 5 Minuten lang rühren.

Dann 100 g Zucker gut untermischen und bei mittlerer Hitze etwa 20 Minuten lang braten. Dabei sehr häufig gründlich durchrühren, gegen Ende ständig rühren, bis die Masse honigbraun gebräunt und dick-krümelig wird. Vom Herd nehmen und abkühlen lassen (evtl. im Kühlschrank). Danach die krümelige Masse mit warmen Händen (so wird das feste Ghee wieder weich und formbar) zu rund 25 kleineren oder 30 größeren Bällchen kneten – wichtig dabei: Die Masse eher fest zusammenpressen und rollen.

Indischer Milchreis

Für 4–6 Portionen 100 g Basmati-Reis etwa 1 Stunde lang in kaltem Wasser einweichen, dann durch ein Sieb abgießen und abtropfen lassen.

1 EL Ghee in einem Topf heiß werden lassen und den Reis darin unter Rühren 2 Minuten anrösten. 1 l Milch und 3 EL Rosinen dazugeben. Gut verrühren und zugedeckt bei mittlerer Hitze 25–30 Minuten kochen lassen, dabei immer wieder umrühren, damit der Reis nicht anklebt. Kurz vor Garzeitende 5–6 EL Zucker und 1/4 TL gemahlenen Kardamom unterrühren.

Der Milchreis schmeckt im Winter heiß, im Sommer kalt. Zum Servieren mit gehackten Pistazien oder gerösteten Mandelblättchen bestreuen. Wer möchte, beträufelt den Reis noch mit Rosenwasser oder verrührt einige Safranfäden mit 3 EL heißer Milch und gibt sie über den Reis.

Möhren-Halwa

Für 4–6 Portionen 500 g Möhren schälen, fein raspeln und mit 450 ml Milch und 2 EL Rosinen in einen Topf geben. Bei mittlerer Hitze offen 20–25 Minuten köcheln lassen, dabei immer wieder umrühren.

Dann 3 EL Zucker, 1/2 TL gemahlenen Kardamom und 2 EL Ghee dazugeben und gut untermischen. Alles weitere 10–15 Minuten unter Rühren köcheln lassen, bis fast alle Flüssigkeit verdampft ist.

Inzwischen 2 EL Mandelstifte in 1 TL Ghee goldbraun braten, dann unter die fertige Möhrenmasse mischen. Noch würziger und sehr lecker: Am Ende je 1 Msp. gemahlenen Zimt, gemahlene Nelken und frisch geriebene Muskatnuss unterrühren.

Kulfi – indisches Eis

2 l frische Vollmilch in einem großen Topf einmal aufkochen lassen, dann die Hitze reduzieren. 1 Msp. Safranpulver und 2 Msp. gemahlenen Kardamom einrühren und die Milch bei mittlerer Hitze offen in etwa 45 Minuten auf gut zwei Drittel einkochen lassen, dabei immer wieder gut umrühren, damit nichts anbrennt.

Etwa 125 g Zucker und je 2 EL fein gehackte, gehäutete Mandeln und Pistazien einrühren. Alles weitere 5 Minuten köcheln lassen, bis sich der Zucker aufgelöst hat.

Dann in eine Metallform gießen und für mindestens 2 Stunden ins Gefrierfach stellen. Dabei alle 15 Minuten mit einer Gabel durchrühren, damit sich die Eiskristalle verteilen und das Kulfi schön cremig wird. (Ist eine Eismaschine im Haus, geht es mit der natürlich viel besser und bequemer).

Zum Servieren die Form mit dem Boden kurz in heißes Wasser tauchen, das Kulfi auf einen Teller stürzen und in Scheiben schneiden. Besonders edel: mit indischem Silberblatt belegen oder mit frischen Früchten servieren.

Rezepte

Snacks & Streetfood

Heilige Kühe, hupende Autos, singende Bettler, tanzende Kinder – Indien lebt vor allem auf der Straße. Und weil Leben hier immer auch Essen bedeutet, wird mittendrin ständig gekocht und gespeist. Da brutzeln Paneer-Würfel auf dem Holzkohlengrill, Samosas und Pakoras schwimmen in siedendem Fett und aus den gemauerten Tandoor-Öfen am Straßenrand duftet es nach Hähnchen und Gewürzen. Ob mitten in Madras, beim Inder am Eck oder hier im Kochbuch – die Entdeckung Indiens beginnt immer bei den Kleinigkeiten.

Essen & leben

Dass die Currywurst nicht in Indien erfunden wurde und der Curry genauso wenig, wissen wir. Doch dass der liebste deutsche Imbiss (der halborientalische Döner gilt nicht) so sehr das Gegenteil zur indischen Küche ist, hätten wir nicht gedacht. Aber lest selbst:

Die Italienerin, der Inder und die Currywurst

Es war einmal eine Italienerin, die reiste durch Indien und seufzte schließlich: »Hier gibt's ja gar nichts zu essen!« Also keine Nudeln, keinen Käse und keine Wurst. In Europa gelten diese Dinge als ein ordentliches Essen, wenn nicht sogar als Delikatesse. Doch indischen Köchinnen und Essern geht die Verarbeitung dabei viel zu weit. Denn wer sich selbst seine Gewürze im Ganzen röstet und dann mahlt (oder das höchstens vom Vertrauenshändler streng nach Familienrezept machen lässt), für den ist gereifter Käse schon Fast Food.

Abgesehen von Pickles und Trockenfisch(en) kommen fast alle Zutaten von Kurkuma bis Lammfleisch so pur und frisch wie möglich in die indische Küche. Typisch indisch ist dabei auch die »Gründemischung« für diesen Basic-Ansatz: Hygienische Gebote (Seite 80) und religiöse Tabus (Seite 96) vermengen sich, an allem ist eine Prise Ayurveda (Seite 116) und dann ist da noch die Von-der-Hand-in-den-Mund-Kultur Indiens, in der sich keine Tradition des Konservierens bilden konnte. Dazu mehr im nächsten Kapitel.

So oder so: Curry aus Tüten und Ketchup aus Flaschen über Wurst vom Metzger gehen danach gar nicht – außer in Goa vielleicht, wo man seit der Herrschaft der Portugiesen höllisch scharfe Schweine-Chourizos macht. Verstehe einer dieses Indien!

Sag mal, Küchenguru ...

... was ist mit Frühstück?

Oh, da mache ich kein großes Wesen drum. Da ich früh auf die Yogamatte muss, gibt es zuerst nur Early Morning Tea mit Milch von der Heiligen Kuh und Gewürzen drin; den Zucker lass' ich weg, seht nur meinen Bauch an.

Wenn der Tag etwas älter ist, lockt mich der Duft der »Straßenküchen« zum eigentlichen Frühstück. Reis und Hülsenfrüchte spielen da die Hauptrolle – zu Laibchen geformt als »Idli« gedämpft, verkocht im »Khichri« (Seite 117) oder zu Pfannkuchen gebacken, »Dosa« genannt (Seite 42). Zu all dem mag ich scharfes Sambar aus Linsen, Gemüse, Gewürzen und Chili plus mildem Chutney mit Kokosnuss. Oder einfach nur: Joghurt pur und frische Früchte.

Wenn es mehr sein darf, gönne ich mir Samosas (Seite 40) oder Omelett (Seite 50), wie es die Engländer mögen. Bitten die mich früh um ihre Dienste, gebe ich mich gerne offen und genieße Toast, Marmelade und Milchtee – dann aber mit Zucker.

Ist fast indisch!

Aus Indien kommt viel, das unsere Welt besser gemacht hat – die Nudel allerdings nicht. Nehmen wir das als Anlass, unsere Dankbarkeit zu zeigen für Ayurveda, Algebra und den Bollywood-Boom – schenken wir Indien ein Nudelgericht.

Spaghetti Bollywood

Wir brauchen: 400 g Möhren, 1 Knoblauchzehe, 1 kleine rote Chilischote, 1 Bund Koriandergrün sowie 4 EL Butter, 2 TL Mohnsamen (authentisch sind weiße aus dem Indien-Laden, schwarze gehen aber auch), 2 TL Garam Masala und 1/4 TL gemahlenen Zimt. Außerdem 200 ml Kokosmilch plus 500 g Spaghetti und Salz.

Die Möhren werden nun geschält und auf der Küchenreibe grob geraspelt. Den Knoblauch schälen und halbieren wir, der Keim kommt raus und die Hälften werden fein gewürfelt oder gehackt. Chili waschen, putzen und hacken. Nun den Koriander waschen, trockenschütteln und die Blättchen abzupfen, die fein gehackt werden.

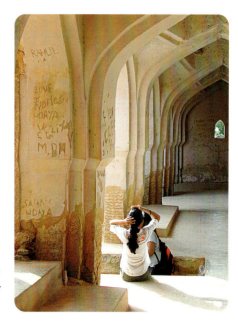

Jetzt die Butter in einer Pfanne erhitzen und darin unter Rühren den Mohn 1 Minute sanft rösten. Dann Knoblauch, Chili, Garam Masala und Zimt 30 Sekunden mitbraten und die Möhren dazugeben, weitere 1–2 Minuten braten. Dies mit 50 ml Wasser und der Kokosmilch ablöschen und alles in 5–6 Minuten bei mittlerer Hitze cremig einkochen lassen, Koriander einrühren. Nun die Spaghetti in reichlich Salzwasser bissfest garen, abgießen und gleich mit der Möhrensauce mischen. Parmesan? Also bitte! Nein danke natürlich!

Essen & verstehen: Tiffins

Ist nicht indisch: Mulligatawny

Schlichte Leute sagen, dass wäre irischer Eintopf von Tante Mulligan (»Mulligan's Auntie«) – ganz so wild ist es nicht.

Aber richtig indisch ist dieser Klassiker auch nicht. Der Ursprung liegt in »Mullaga« (auch Milagu, Molegoo = Pfeffer) und »Tanni«, was »kühles Wasser« heißt. Als »Mullaga Tanni« bekommt man in Indien oft eine scharfe Suppe aus Linsen und Reis mit vielen Gewürzen und etwas Kokosnuss – woraus in England eine Currysuppe mit Huhn, Äpfeln, Mandeln, Brühe und Sahne werden kann.

Vorspeisen gibt es eigentlich nicht in Indien, dafür abertausende Snacks, die rund um die Uhr geknabbert werden.

Wer in Indien einen Imbiss sucht, muss meist nicht weit gehen. »Tiffins« heißen die Snacks, die es an jeder Straßenecke zu kaufen gibt: von ausgebackenem Gemüse in Kichererbsenteig (Bhaji oder Pakora), gefüllten Teigtäschchen (Samosas) bis hin zu knusprigen Linsenkrapfen (Vadas). Keine Lust auf Frittiertes, dann einfach »Chaat« ordern: Frucht- und Pellkartoffelstücke oder andere kleine Nettigkeiten mit scharfer Gewürzmischung überstreut. Die packt der Chaatwallah, der Händler, mit reichlich Joghurt, Raita oder einem Chutney auf ein Bananenblatt. Und wenn's besonders schmeckt, leckt man eben dieses nach dem Essen ab. Denn nichts anderes heißt Chaat wörtlich übersetzt, nämlich »ablecken«.

Die krossen Klassiker aus dem Indien-Lokal

Hier zur Abwechslung mal mit Hackfleisch anstelle der üblichen Kartoffelfüllung.

Zutaten für 12 Stück (4–6 Personen):
1 große Zwiebel
2 Knoblauchzehen
3–4 grüne Chilischoten
3 EL Erdnussöl
5 Nelken
350 g Lamm- oder Rinderhackfleisch
Salz
1 TL getrocknete Minze
1 1/2 EL Tomatenmark
3 EL gehacktes Koriandergrün
250 g Mehl (Type 405)
4 EL Ghee (sollte flüssig oder cremig sein)
Öl zum Frittieren und Verarbeiten

Zubereitungszeit: 1 1/2 Stunden
+ 15 Minuten Ruhen
Kalorien pro Stück: 295 kcal

1_Die Zwiebel schälen und klein würfeln. Knoblauch schälen, Chilis waschen und entstielen, beides fein hacken. Öl in einer beschichteten Pfanne heiß werden lassen und darin Zwiebel und Nelken bei mittlerer Hitze hellbraun braten. Knoblauch und Chilis unterrühren, kurz mitbraten.

2_Dann das Hackfleisch dazugeben. Mit einem Holzlöffel in kleine Krümel teilen, salzen und rundum in etwa 5 Minuten anbraten. Dabei darauf achten, dass sich Zwiebel, Knoblauch und Chilis schön mit dem Hackfleisch verbinden. Minze und Tomatenmark unterrühren, 3 Minuten weiterbraten, dann das Koriandergrün untermgengen, vom Herd nehmen. Nicht vergessen: später die Nelken rausfischen.

3_Das Mehl in eine große Schüssel geben und mit etwa 1 TL Salz mischen. Das Ghee und etwa 150 ml Wasser dazugeben und alles verrühren. Dann mit den Händen oder den Knethaken des Handrührgeräts kräftig 8–10 Minuten kneten, bis ein geschmeidiger Teig entstanden ist. Daraus eine Kugel formen, in die Schüssel legen und ein feuchtes Tuch darüberbreiten. Etwa 15 Minuten ruhen lassen.

4_Die Teigkugel in 6 gleich große Stücke schneiden und zu kleinen Kugeln rollen, die dann wieder unter das Tuch legen. Ein großes Plastikschneidebrett mit wenig Öl bepinseln. Darauf jeweils 1 Teigkugel zu einem runden Fladen von etwa 20 cm Ø ausrollen, mit einem Messer halbieren.

5_Jeden Teighalbkreis jetzt so zu einem Trichter formen, dass sich die Schnittflächen leicht überlappen. Diese Kante fest mit Daumen und Zeigefinger zudrücken. Den Teigtrichter aufgeklappt wie eine Eistüte in eine Hand nehmen und mit der anderen gut 2 TL Hackfleisch einfüllen (oben sollte ein 1/2–1 cm breiter Rand frei bleiben). Die oberen Ränder dann ebenfalls sehr gut zusammen- und festdrücken. So nacheinander alle Teighalbkreise füllen und auf eine Platte legen.

6_Das Frittieröl in einem großen Topf richtig heiß werden lassen. Für den Hitzetest einen Holzkochlöffelstiel ins Öl eintauchen. Blubbern daran sofort kleine Bläschen, kann es losgehen. Jetzt jeweils so viele Samosas auf einem Schaumlöffel ins Öl geben, dass sie nicht zusammenkleben (aber nicht mehr als vier Stück), und etwa 2–3 Minuten frittieren. Dann mit dem Löffel wenden und auf der anderen Seite ebenfalls in 2–3 Minuten goldgelb frittieren. Herausnehmen und auf einem Küchenpapier abtropfen lassen. Schön heiß mit Koriander-Minze-Chutney (siehe Seite 126) servieren.

Und hier die Veggie-VARIANTE, die auch kalt schmeckt: Dal-Samosas

Für die Füllung je 80 g halbierte Kichererbsen (Chana Dal) und halbierte, geschälte Mungbohnen (Moong Dal) etwa 1 Stunde in kaltem Wasser einweichen. Anschließend in 350 ml Wasser bei kleiner Hitze in etwa 30 Minuten weich kochen (sie sollten leicht »al dente«, noch nicht breiig sein) und in ein Sieb abgießen. Inzwischen 1 Zwiebel schälen und fein würfeln. Etwa 4 cm frischen Ingwer schälen und fein hacken. Für das Würz-Masala 25 Pfefferkörner, 1/4 TL Ajowan und die Samen von 4 grünen Kardamomkapseln im Mörser grob zerstoßen und mit je 1/2 TL Chili- und Mangopulver (Amchoor), 1/2 TL Garam Masala und 1 TL zerriebenen, getrockneten Bockshornkleeblättern mischen. Die Zwiebel in 2 EL Ghee hellbraun anbraten, dann Ingwer und je 1/2 TL Kreuzkümmel- und Fenchelsamen dazugeben und kurz mitbraten. Kichererbsen, Bohnen und das Gewürz-Masala unterrühren und kräftig salzen. Unter Rühren etwa 3 Minuten braten, dabei so viel Wasser zugeben, dass ein dicker, eher trockener Brei entsteht. Abkühlen lassen und in 12 Samosas verpacken (siehe Rezept links).

Mungbohnen-Pfannkuchen

Da lässt sich gut was einpacken

Zutaten für 6 Stück (4 Personen):
250 g halbierte, geschälte Mungbohnen
(Moong Dal)
2–3 grüne Chilischoten
1 Knoblauchzehe
1 EL Kichererbsenmehl
2 EL Joghurt
1/4 TL Kurkumapulver
1/4 TL Garam Masala
1/4 TL Backpulver
2 EL fein gehacktes Koriandergrün
Salz
je etwa 3 EL Ghee und Sonnenblumenöl zum Braten

Zubereitungszeit: 45 Minuten
+ mindestens 4 Stunden Einweichen
Kalorien pro Stück: 255 kcal

1_Die Mungbohnen in eine Schüssel mit
reichlich kaltem Wasser geben und für
mindestens 4 Stunden (oder aber über
Nacht) einweichen.

2_Chilis waschen und entstielen, Knoblauch schälen, beides grob hacken. Die
gequollenen Mungbohnen in ein Sieb
abgießen und kurz mit kaltem Wasser
überbrausen. Dann mit Chilis und Knoblauch mit dem Pürierstab (hier besser
in zwei Schichten arbeiten) oder in der
Küchenmaschine fein pürieren. Dabei so
viel Wasser zugeben, dass ein dickflüssiger
Teig entsteht – er sollte nicht wässrig sein.
Ruhig etwas länger pürieren, damit der
Teig richtig schaumig-locker wird.

3_Anschließend das Kichererbsenmehl,
den Joghurt, Gewürze, Backpulver und
Koriandergrün sorgfältig unter den Teig
rühren und richtig ordentlich mit Salz würzen – sonst schmeckt's fad.

4_Zum Braten das Ghee am besten in
einem Schälchen bereitstellen, falls nötig,
vorher noch schmelzen. Eine beschichtete
Pfanne (ideal ist eine Crêpes-Pfanne mit
flachem Rand) mit knapp 1 TL Öl ausstreichen und richtig heiß werden lassen.
Dann die Pfanne vom Herd nehmen und
ganz schnell gut 1 1/2 EL Teig in die Mitte
geben. Den Teig zügig mit dem Löffel in
kreisenden Bewegungen von innen nach
außen verteilen. Vorsicht: Er bleibt sehr
leicht kleben!

5_Die Pfanne auf den Herd zurückstellen
und etwa 1/2 TL Ghee ringsherum an den
Pfannkuchenrand träufeln; so bildet sich
ein knuspriger Rand und der Fladen lässt
sich leichter lösen. Jetzt den Pfannkuchen
auf einer Seite etwa 2 Minuten braten,
dann wenden – dabei etwas Ghee in die
Pfanne geben – und anschließend auf der
anderen Seite ebenfalls in 2–3 Minuten
knusprig bräunen. Die Pfannkuchen möglichst fix servieren oder im etwa 60 Grad
heißen Ofen warm halten.

TIPP

Mit einer frischen Füllung schmecken
die Pfannkuchen noch mal so gut. Dazu
eine Portion (250 g) selbst gemachten
Paneer (siehe Seite 62) grob zerbröckeln.
2 Tomaten waschen und klein würfeln,
dabei die Stielansätze wegschneiden.
2 Frühlingszwiebeln waschen, putzen und
in feine Ringe schneiden. 3 EL Zitronensaft mit 2 EL gehacktem Koriandergrün,
1/2 TL gemahlenem Kreuzkümmel, Salz
und Pfeffer verrühren und mit all den
anderen Zutaten mischen. Wer's scharf
mag, mengt noch 1 fein gehackte, grüne
Chilischote unter. Diese Füllung jeweils
auf eine Hälfte der Pfannkuchen verteilen,
andere Hälfte darüberklappen.

Grießplätzchen

Schmecken mit Salat und Raita

Zutaten für etwa 16 Stück (4 Personen):
150 g feiner Weichweizengrieß
75 g Kichererbsenmehl
3 EL Kokosraspel
1–2 grüne Chilischoten
1 große Tomate
1 Zwiebel
12 Curryblätter
3–4 EL Sonnenblumenöl
1 Prise Asafoetida
1/2 TL braune Senfkörner
1/2 TL Kreuzkümmelsamen
Salz
3–4 EL Ghee

Zubereitungszeit: 50 Minuten
Kalorien pro Stück: 95 kcal

1_Den Grieß in einer Pfanne bei mittlerer Hitze 2–3 Minuten rösten, bis er zu duften anfängt. Dann in eine Schüssel geben, mit dem Kichererbsenmehl und den Kokosraspeln mischen. Etwa 350 ml Wasser dazugießen und alles zu einem glatten, flüssigen Teig verrühren. Chilis waschen, entstielen, fein hacken und unter den Teig rühren.

2_Die Tomate waschen, vierteln und den Stielansatz wegschneiden, dann die Kerne ebenfalls herausschneiden. Das feste Tomatenfleisch in Würfelchen schneiden. Die Zwiebel schälen und klein würfeln. Die Curryblätter in dünne Streifen schneiden.

3_In einem Pfännchen gut 1 EL Öl heiß werden lassen. Zwiebel darin goldgelb anbraten. Dann Asafoetida, Senfkörner, Kreuzkümmelsamen und die Curryblätter dazugeben und bei mittlerer Hitze rösten, bis sie zu knistern anfangen. Vom Herd nehmen und sofort unter den Teig rühren. Den Teig kräftig mit Salz würzen und die Tomatenwürfelchen untermischen. Ist der Teig inzwischen dicker gequollen, nochmals Wasser zugeben (er sollte fast so dünn wie Pfannkuchenteig sein).

4_Das Ghee, falls nötig, schmelzen und in einem Schälchen neben den Herd stellen. Dann in einer beschichteten Pfanne ganz wenig Öl (am besten nur kurz auspinseln) richtig heiß werden lassen. Pfanne vom Herd nehmen und 1 EL Teig hineingeben. Vorsichtig zu einem Plätzchen von etwa 10 cm Ø ausstreichen bzw. platt drücken, dann noch 3–4 weitere Plätzchen (je nach Pfannengröße) ausstreichen.

5_Die Pfanne wieder auf den Herd stellen und sofort etwas Ghee an die Ränder der Plätzchen träufeln. Plätzchen bei höchster Hitze in gut 2–3 Minuten schön goldbraun braten, dann wenden und auf der anderen Seite genauso goldbraun backen. Fertige Plätzchen auf einen Teller mit Küchenpapier geben und nach Belieben im Ofen bei 60 Grad warm halten, bis alle Plätzchen fertig sind.

TIPP

Unbedingt etwas Frisches mit den Grießplätzchen auf den Tisch stellen: einen grünen Blattsalat etwa oder Chachumber (Seite 123) und noch eine Tomaten-Raita (Seite 124) zum Dippen.

Knusprige Kartoffelplätzchen

Aloo Tikki – der Streetfood-Klassiker schlechthin

Zutaten für 8 Stück (4 Personen):
500 g mehlig kochende Kartoffeln
Salz | 1 großes Bund Koriandergrün
(etwa 100 g)
1 Knoblauchzehe | 1 grüne Chilischote
Saft von 1 Zitrone | 2 EL Rosinen
2 EL Kokosraspel
1 TL gemahlener Kreuzkümmel
1 Stück frischer Ingwer (etwa 2 cm)
2 EL Kichererbsenmehl
1/2 TL Kurkumapulver
1/2 TL Chilipulver | 1 TL Garam Masala
Ghee oder Sonnenblumenöl zum Braten

Zubereitungszeit: 1 1/4 Stunden
Kalorien pro Stück: 175 kcal

1_Die Kartoffeln gründlich waschen und in einen Topf mit Salzwasser geben, sodass sie gerade gut bedeckt sind. Zugedeckt bei mittlerer Hitze in etwa 25 Minuten gar kochen. Das Wasser abgießen und die Kartoffeln ausdampfen lassen.

2_Inzwischen Koriandergrün waschen und trockenschütteln, Blättchen und Stängel grob hacken. 2 EL davon feiner hacken und beiseitestellen. Die Knoblauchzehe schälen, die Chilischote waschen und entstielen. Beides zusammen hacken und mit dem grob gehackten Koriander und der Hälfte des Zitronensafts mit dem Pürierstab oder in der Küchenmaschine nicht zu fein pürieren. Die Rosinen grob hacken und mit den Kokosraspeln untermischen. Dann das Ganze mit Salz und etwa 1/4–1/2 TL Kreuzkümmel würzen.

3_Den Ingwer schälen und reiben oder ganz fein hacken. Kartoffeln (sie sollten am besten noch leicht warm sein) schälen und durch die Kartoffelpresse drücken. (Wer keine Presse hat, zerdrückt sie erst gut mit einer Gabel und mengt sie dann mit den Händen fein durch.) Anschließend gründlich mit Ingwer, Kichererbsenmehl, übrigem Zitronensaft, beiseitegestelltem Koriandergrün und übrigen Gewürzen mischen und mit Salz würzen.

4_Die Masse in acht Portionen teilen. Jeweils erst zu Bällchen formen, diese dann leicht platt drücken und je 1 TL Koriandermasse hineingeben. Offene Enden gut zusammendrücken und zu einem flachen Plätzchen formen.

5_Reichlich Ghee oder Öl in einer beschichteten Pfanne erhitzen. Plätzchen reinlegen und von beiden Seiten in je etwa 5 Minuten knusprig braun braten. Sofort mit Chutney (Seite 126–129) oder Tomaten-Raita (Seite 124) servieren.

VARIANTE: Gemüsekoteletts

Für die in Indien heiß geliebten Gemüse-»Cutlets« wie beschrieben 350 g mehlig kochende Kartoffeln kochen, schälen und zerdrücken, Gewürze und Kichererbsenmehl dazugeben. Zusätzlich 350 g klein gewürfeltes Gemüse (z. B. Blumenkohl, Brokkoli, Möhren, Erbsen oder Rote Bete) in Salzwasser weich dünsten, abgießen und abtropfen lassen, anschließend grob zerdrücken. Gemüse- und Kartoffelbrei mischen. 2 Zwiebeln schälen, fein hacken und in 2 EL Öl goldgelb dünsten. 2 Knoblauchzehen schälen, dazupressen und ganz kurz mitbraten. Sofort zur Kartoffelmasse geben. Jetzt noch mal kräftig mit Salz, Chilipulver, Kurkuma und Garam Masala abschmecken. Aus dem Brei zwölf längliche, flache »Koteletts« formen. Dann wie richtige Koteletts erst in 2 verquirlten Eiern und dann in Semmelbröseln wenden und in einer Pfanne im heißen Öl von beiden Seiten jeweils in etwa 3–5 Minuten bei mittlerer Hitze knusprig braten.

Gegrillte Paneer-Würfel

Absolut partytauglich und DIE Alternative zu Käsespießchen

Zutaten für 4 Personen:
300 g Paneer (Rezept Seite 62, doppelte Menge zubereiten und was nicht gebraucht wird, einfrieren oder frisch essen, siehe Seite 63)
1 Ei (Größe M)
3 EL Kichererbsenmehl
2 EL Joghurt
3/4 TL Ajowan
1/4 TL Kreuzkümmelsamen
1 TL Garam Masala
1/4 TL Kurkumapulver
Salz
Peffer aus der Mühle

Zubereitungszeit: 25 Minuten
+ 1 Stunde Marinieren
Kalorien pro Portion: 130 kcal

1_Den Paneer in 2 cm große Würfel schneiden. Das Ei aufschlagen und in einem Suppenteller verquirlen, dann Kichererbsenmehl und Joghurt mit dem Schneebesen gut unterrühren.

2_Ajowan und Kreuzkümmel mit einem großen, schweren Messer hacken oder im Mörser grob zerstoßen. Beides mit den gemahlenen Gewürzen unter die Eiermischung rühren und mit Salz und Pfeffer würzen. Die Paneer-Würfel rundum gut darin wenden und abgedeckt 1 Stunde marinieren lassen.

3_Den Backofen auf 275 Grad (Ober- und Unterhitze!) vorheizen. Ein Blech mit Backpapier auslegen. Die Käsewürfelchen nochmals gut in der Marinade wenden, dann auf das Blech legen. Den Ofengrill zuschalten und die Würfel im Ofen (oben) in 10–12 Minuten goldbraun braten. Ganz kurz abkühlen lassen, dann vom Blech nehmen. Am besten mit Holzspießchen aufpicken und den Gästen mit Chutney (Seite 126–129) oder vielleicht einem Pickle (Seite 130–131) anbieten.

TIPP

Keine Lust, extra Paneer zu machen? Die Würfel schmecken auch richtig gut, wenn man Tofu dafür nimmt. Ebenfalls nicht schlecht: die indisch-griechische Freundschaftsvariante mit Fetakäse – hier dann allerdings die Marinade etwas mäßiger würzen und vor allem an Salz sparen.

Tandoori-Hähnchen-Tikka

Gelingt im Ofen oder auf dem Grill

Zutaten für 4–6 Personen:
600 g Hähnchenbrustfilet (möglichst gleichmäßig dicke Stücke nehmen)
1 Msp. Safranpulver
1 Stück frischer Ingwer (etwa 3 cm)
2–3 Knoblauchzehen
1 TL gemahlener Kreuzkümmel
je 3/4 TL Garam Masala, Chilipulver und edelsüßes Paprikapulver
3 EL Zitronensaft
2 1/2 EL Kichererbsenmehl
3 EL Joghurt | Salz | Pfeffer aus der Mühle | Öl für den Grillrost

Zubereitungszeit: 25 Minuten
+ 4 Stunden Marinieren
Kalorien pro Portion (bei 6 Personen): 145 kcal

1_Fleisch trockentupfen, alles Fett entfernen, in 1 cm breite, längliche Streifen schneiden oder 3 cm groß würfeln. Safran mit 1–2 EL heißem Wasser verrühren.

2_Ingwer schälen und winzig würfeln, Knoblauch schälen und durch die Presse drücken. Beides mit Gewürzen, Zitronensaft, Kichererbsenmehl und dem Joghurt gründlich verrühren, salzen und pfeffern. Fleisch mit Safranwasser untermischen, abdecken und möglichst mindestens 4 Stunden im Kühlschrank marinieren.

3_Den Holzkohlen- oder Backofengrill anheizen. Beim Holzkohlengrill die Hähnchenstücke auf eine leicht eingeölte Grill-Aluschale legen (10–15 cm Abstand zur Glut) und noch mal mit Marinade betupfen. Beim Backofengrill den Rost einölen und das Fleisch darauflegen. Mit einem Blech darunter (es tropft!) in den Backofen (oben) schieben. Egal ob Herd oder Grill, in 10–12 Minuten sollten die Fleischstücke hell gebräunt und gar sein. Dann am besten sofort mit Zitronenachteln zum Beträufeln und einem Chutney (Seiten 126–129) servieren.

TIPP

Für Backofenbenutzer: Die Tandoori-Hähnchen-Tikkas werden besonders fein und appetitlich braun, wenn man sie gegen Garzeitende noch mal mit flüssiger Butter oder Ghee betupft.

Indische Frikadellen

Heißen in Indien Kebab

Zutaten für 8 Stück (4 Personen):
150 g Kichererbsen (aus der Dose)
1 große Zwiebel
2 Knoblauchzehen
1 Stück frischer Ingwer (etwa 3 cm)
2–3 grüne Chilischoten
4–5 EL Sonnenblumenöl
1/2 TL Kreuzkümmelsamen (falls möglich schwarzer Kreuzkümmel)
1/4 TL gemahlene Macis (Muskatblüte, ersatzweise 2 Msp. frisch gemahlene Muskatnuss)
1 1/2–2 TL Garam Masala
3/4 TL getrocknete Minze
2 EL fein gehacktes Koriandergrün
300 g Lamm- oder Rinderhackfleisch
1 Ei (Größe M) | 2 EL Zitronensaft
Salz | Pfeffer aus der Mühle

Zubereitungszeit: 40 Minuten
+ 2 Stunden Kühlen
Kalorien pro Stück: 210 kcal

1_Die Kichererbsen in ein Sieb schütten, kalt abspülen und abtropfen lassen. Die Zwiebel schälen und fein würfeln. Knob-lauch und Ingwer schälen, Chilis waschen und entstielen, alles fein hacken. Zwiebel in 2 EL Öl hellbraun anbraten, den Ingwer, Knoblauch und die Chilis dazugeben und 1–2 Minuten weiterbraten, dann vom Herd nehmen.

2_Kichererbsen in eine Schüssel geben und mit dem Kartoffelstampfer oder einer Gabel fein zermusen. Die Zwiebelmasse, alle Gewürze, Minze und Koriandergrün gut damit mischen. Dann das Hackfleisch, Ei und Zitronensaft dazugeben und alles kräftig mit den Händen durchmengen, dabei mit Salz und Pfeffer würzen.

3_Aus der Fleischmasse acht Kugeln und daraus flache Frikadellen formen. Auf einen Teller legen, mit Folie abdecken und möglichst noch 2 Stunden im Kühlschrank durchziehen lassen.

4_In einer großen, beschichteten Pfanne übriges Öl erhitzen. Frikadellen hineingeben, 4–6 Minuten bei mittlerer Hitze braten. Wenden und auf der anderen Seite ebenfalls 4–6 Minuten braten, bis die Frikadellen schön knusprig gebräunt sind. Dann auf einer vorgewärmten Platte unbedingt mit Zwiebelringen und Chutney (Seite 126–129) servieren.

Knusprige Linsenkroketten

Außen knusprig – innen fluffig

Zutaten für 12 Stück (4–6 Personen):
200 g halbierte, geschälte, schwarze
Linsen (Urad Dal, die geschält allerdings
weiß aussehen)
2 Zwiebeln | 20 Curryblätter
2 getrocknete Chilischoten
1 1/2 EL Ghee
1 Stück frischer Ingwer (etwa 1 cm)
1/4 TL Backpulver
3 EL gehacktes Koriandergrün
Salz | Pfeffer aus der Mühle
etwa 1 l Öl zum Frittieren

Zubereitungszeit: 40 Minuten
+ 4 Stunden Quellen
Kalorien pro Stück: 105 kcal

1_Die Linsen in eine Schüssel mit reichlich kaltem Wasser geben, mindestens 4 Stunden (geht aber auch über Nacht) quellen lassen. Dann Zwiebeln schälen und winzig würfeln. Die Curryblätter grob zerschneiden. Chilis waschen, entstielen, entkernen und fein zerschneiden.

2_Das Ghee in einer kleinen Pfanne heiß werden lassen, darin Zwiebeln bei mittlerer Hitze langsam hellbraun anbraten. Die Curryblätter und Chilistückchen unterrühren und alles noch mal 2–3 Minuten weiterbraten, bis die Blätter knusprig sind, dann die Pfanne vom Herd nehmen.

3_Linsen im Sieb kurz abtropfen lassen und dann mit dem Pürierstab oder in der Küchenmaschine gründlich pürieren. Dabei gerade so viel Wasser dazugeben, dass ein zäher, dicker Teig entsteht.

4_Den Ingwer schälen und fein hacken. Mit Zwiebelmischung, Backpulver und Koriandergrün unter die Linsen mischen. Diesen Brei kräftig mit Salz und Pfeffer würzen (nicht mit Salz sparen, sonst schmecken die Kroketten fade).

5_Öl in einem großen Topf richtig heiß werden lassen. Jetzt mit einem Teelöffel eine großzügige Menge vom Linsenbrei abnehmen und mit dem Finger vom Löffel ins Öl streichen. Vorsicht: Es kann spritzen! Auf diese Weise zügig die Hälfte des Breis als Klößchen ins Fett geben. Die Kroketten 4–5 Minuten sprudelnd ausbacken, dabei ein paar mal wenden, damit sie rundum schön knusprig und dunkelbraun werden.

6_Dann mit einer Siebkelle aus dem Öl heben und auf einen mit Küchenpapier ausgelegten Teller zum Abtropfen geben. Im Ofen bei etwa 60 Grad warm halten, bis auch der übrige Brei ausgebacken ist. Mit Chutney (Seite 126–129) servieren.

VARIANTE: Linsenkroketten in Joghurt

Dafür ändert sich die Würze etwas: 1 cm fein gewürfelten Ingwer, 2 gehackte grüne Chilischoten, 2 Prisen Asafoetida und 1 TL grob gehackte Kreuzkümmelsamen mit knapp 1/4 TL Backpulver und Salz unter den Linsenbrei rühren. Kroketten dann wie beschrieben ausbacken und abkühlen lassen. 600 g Joghurt mit etwas Wasser zu einer nicht zu dünnflüssigen Sauce rühren und mit 1/2 TL Chilipulver, 1 TL gemahlenem Kreuzkümmel, Salz und wenig Zucker würzen. 2 l heißes Wasser mit etwas Salz mischen. Kroketten darin etwa 4 Minuten einweichen. Herausnehmen, leicht ausdrücken, in eine flache Schüssel legen. Joghurtsauce darübergießen und etwa 1 Stunde im Kühlschrank durchziehen lassen. Vor dem Servieren mit Koriandergrün und etwas Chaat Masala bestreuen und/oder etwas Tamarinden-Ingwer-Chutney (siehe Seite 128) überziehen.

Gebratene Kichererbsen-bällchen

Zum Aufspießen und Dippen: Tea-Time-Snack aus Gujarat

Zutaten für 4–6 Personen:
250 g Kichererbsenmehl
1 Msp. Backpulver
1/2 TL Kurkumapulver
1/2 TL Chilipulver
Salz
1 EL getrocknete Bockshornkleeblätter
2 EL Sonnenblumenöl
3 EL Ghee
1/2 TL Kreuzkümmelsamen
1/2 TL braune Senfkörner
10 Curryblätter
1 Msp. Asafoetida

Zubereitungszeit: 40 Minuten
Kalorien pro Portion (bei 6 Personen):
150 kcal

1_Kichererbsenmehl in einer Schüssel
mit Backpulver, je 1/4 TL Kurkuma- und
Chilipulver und etwa 1/2 TL Salz mischen.
Die Bockshornkleeblätter zwischen den
Fingern zerreiben und ebenfalls untermischen. Jetzt nach und nach knapp
ca. 60 ml Wasser und das Öl unterrühren,
bis sich ein eher trockener Teig bildet, der
sich leicht mit der Hand formen lässt. Aus
dem Teig walnussgroße Bällchen formen.

2_Einen großen Topf mit Wasser zum
Kochen bringen. Salzen und die Hitze auf
mittlere Stufe reduzieren. Die Bällchen in
das Wasser geben, wenn es nur noch ganz
wenig sprudelt. Bällchen 10–15 Minuten
garen, dabei ab und zu am Topf rütteln,
damit die Bällchen nicht am Topfboden
ansetzen. Sobald die Bällchen gar sind,
vorsichtig in ein Sieb abgießen, abtropfen
und abkühlen lassen.

3_Das Ghee in einer beschichteten Pfanne
heiß werden lassen. Kreuzkümmelsamen,
Senfkörner und Curryblätter reingeben
und bei mittlerer Hitze rösten, bis es zu
knistern anfängt. Jetzt übriges Kurkumapulver, Chilipulver und Asafoetida einrühren. Die Bällchen in die Pfanne geben
und bei mittlerer bis starker Hitze etwa
5 Minuten braten. Heiß mit der Tomaten-
Raita (Seite 124) zum Dippen servieren.

Veggie-VARIANTE als Hauptgericht: Joghurt-Curry mit Kichererbsen-bällchen

Bällchen wie beschrieben in Salzwasser
garen. In der Zwischenzeit in einem Topf
500 g Joghurt, 1 TL Zucker, je 1/4 TL Chili-
und Kurkumapulver, 2 EL Kichererbsenmehl und 1/2 l Wasser mit dem Schneebesen schaumig rühren. Dann bei starker
bis mittlerer Hitze zum Kochen bringen
und etwa 3 Minuten kochen lassen, dabei
kräftig weiterrühren. Hitze reduzieren und
die Sauce mit Salz abschmecken. Nun die
abgegossenen und abgetropften Kicher-
erbsenbällchen in die Sauce geben und
bei kleinster Temperatur 5 Minuten ziehen
lassen. In dieser Zeit in einem Pfännchen
2 EL Ghee erhitzen, darin 1/2 TL braune
Senfkörner und 3 Nelken rösten, bis sie
knistern. Jetzt schnell 1 Msp. Asafoetida
und knapp 1/2 TL Zimtpulver einrühren.
Pfanneninhalt anschließend vorsichtig
unter die Joghurtsauce mischen und noch
mal 2 Minuten ziehen lassen. Das Kicher-
erbsen-Joghurt-Curry schmeckt zu Reis
und einem »trockenen« Gemüse wie etwa
den Gujarat-Bohnen (Seite 66).

Gedämpfte Kohlwürstchen

Statt Kohlrouladen und vegetarisch

Zutaten für 8 Stück (4 Personen):
250 g Weißkohl | Salz
1 Stück frischer Ingwer (etwa 2 cm)
100 g Kichererbsenmehl
3/4 TL Chilipulver | Saft von 1 Zitrone
1 TL Zucker | 2 EL Sonnenblumenöl
2 EL Ghee
1 TL braune Senfkörner
1/2 TL Kreuzkümmelsamen
12 Curryblätter
1/4 TL Kurkumapulver

Zubereitungszeit: 25 Minuten
+ 45 Minuten Ruhen und Kühlen
+ 25–30 Minuten Dämpfen
Kalorien pro Stück: 100 kcal

1_Kohl waschen, putzen und den Strunk entfernen. Kohl auf einem Hobel hauchdünn hobeln oder mit einem Messer in ganz feine Streifen schneiden. Lange Kohlstreifen kleiner schneiden. Mit knapp 1 TL Salz in einer Schüssel mischen, dabei fest durchkneten und zusammendrücken, dann 30 Minuten ruhen lassen.

2_Ingwer schälen und fein hacken. Kohl noch mal kräftig mit den Händen durchkneten und so viel Wasser wie möglich rauspressen. Nun mit Kichererbsenmehl, Ingwer, 1/2 TL Chilipulver, der Hälfte des Zitronensafts, Zucker und Öl vermengen. Jetzt nach und nach so viel Wasser dazugeben, dass ein gut formbarer, weicher Teig entsteht. Mit Salz abschmecken. Aus diesem Teig acht Würstchen von etwa 10 cm Länge formen.

3_Eine hohe Pfanne etwa 1–2 cm hoch mit Wasser füllen und einen Dämpfeinsatz hineinstellen. Darauf mit genügend Abstand die Kohlwürstchen legen. Deckel auflegen und die Würstchen bei mittlerer Hitze 25–30 Minuten dämpfen. Würstchen herausnehmen und gut abkühlen lassen.

4_Ghee in einer möglichst beschichteten Pfanne heiß werden lassen. Senfkörner, Kreuzkümmelsamen und Curryblätter reinstreuen und durchrühren. Übriges Chilipulver und das Kurkumapulver einstreuen und sofort die Würstchen dazugeben. Jetzt alles bei mittlerer Hitze braten, dabei die Würstchen gut in den Gewürzen wenden. Rundherum schön braun braten und zum Schluss den restlichen Zitronensaft darübersprenkeln.

Masala-Omelett

Indisches Frühstücksei, das auch zum Abendbrot schmeckt

Zutaten für 4 Personen:
6 Eier (Größe M)
1 große Tomate
2 EL gehacktes Koriandergrün
1/4 TL gemahlener Kreuzkümmel
Salz
Pfeffer aus der Mühle
2 kleine Zwiebeln
2 grüne Chilischoten
2 EL Ghee oder Sonnenblumenöl

Zubereitungszeit: 25 Minuten
Kalorien pro Portion: 185 kcal

1_Die Eier in eine Schüssel aufschlagen, mit dem Schneebesen kräftig schaumig schlagen. Die Tomate waschen und in Würfelchen schneiden, den Stielansatz dabei wegschneiden. Anschließend die Tomatenwürfel mit dem Koriandergrün unter die Eier rühren und mit Kreuzkümmel, Salz und Pfeffer würzen.

2_Die Zwiebeln schälen und fein würfeln. Die Chilischoten waschen, entstielen und fein hacken. Das Ghee oder Öl in einer beschichteten Pfanne heiß werden lassen. Die Zwiebelwürfel darin bei mittlerer Hitze goldgelb anbraten, die Chilischoten dazugeben und etwa 1 Minute mitbraten, dann die Hitze reduzieren.

3_Die Eiermasse in die Pfanne gießen und bei kleiner Hitze stocken lassen. Sobald sich das Omelett wenden lässt, am besten aus der Pfanne auf einen großen, flachen Teller gleiten lassen. Einen zweiten Teller drauflegen, beide Teller mit den Händen fassen und umdrehen. Das gewendete Omelett vorsichtig in die Pfanne zurückgleiten lassen und nur noch kurz von der anderen Seite braten. Herausnehmen, vierteln und mit heißem Toast essen.

Eier auf Zwiebelbett

Perfekter kleiner Abendimbiss

Zutaten für 4 Personen:
4 Eier (Größe M, für den großen Hunger dürfen's auch mal 6 sein)
200 g Zwiebeln
1 Knoblauchzehe
2 grüne Kardamomkapseln
3 Nelken
3/4 TL Chilipulver
1 TL gemahlener Koriander
3 EL Kokosöl (ersatzweise neutrales Pflanzenöl, z. B. Sonnenblumenöl)
1 Stück Zimtrinde (5–7 cm)
1/2 TL Fenchelsamen
150 g stückige Tomaten (aus der Dose)
Salz

Zubereitungszeit: 35 Minuten
Kalorien pro Portion: 195 kcal

1_Eier in einen Topf geben und mit lauwarmem Wasser bedecken. Im offenen Topf zum Kochen bringen und knapp 10 Minuten kochen lassen. Herausnehmen und kalt abschrecken.

2_In der Zwischenzeit Zwiebeln schälen, einmal längs halbieren und dann wiederum längs in feine Streifen schneiden. Den Knoblauch schälen. Die Kardamomkapseln mit einem kleinen Messer aufritzen, die Samen herauslösen. Mit den Nelken im Mörser zerreiben, mit Chili- und Korianderpulver mischen.

3_Das Öl in einer beschichteten Pfanne bei mittlerer Hitze heiß werden lassen. Zwiebeln, Zimt und Fenchelsamen hineingeben und langsam hellbraun braten, dabei ab und zu umrühren. Knoblauch durch die Presse in die Pfanne drücken und die gemischten Gewürze reinstreuen. Kurz mitbraten, dann Tomaten zugießen. Bei mittlerer bis starker Hitze unter Rühren braten, bis fast alle Flüssigkeit verdampft ist. Dann etwa 150 ml Wasser dazugießen, salzen und alles bei kleiner Hitze 3–5 Minuten einköcheln lassen.

4_Die Eier pellen und halbieren. Die Eierhälften in die Sauce in der Pfanne setzen und etwas von der Zwiebelmasse darüberlöffeln. Kurz heiß werden lassen, dann sofort servieren. Schmeckt zu Brot oder den Pfannkuchen von Seite 42.

Mulligatawny

Anglo-indischer Klassiker
– nur echt mit Currypulver

Zutaten für 4 Personen:
1 großes Hähnchenbrustfilet
(etwa 300 g)
1 große, dicke Möhre
1 kleine Zwiebel
1 Stück frischer Ingwer (etwa 4 cm)
2 Tomaten
2 EL Ghee oder Sonnenblumenöl
1 TL gemahlener Kreuzkümmel
1 TL gemahlener Koriander
1–2 TL Currypulver (kommt drauf an,
wie intensiv und scharf es ist)
2–3 Prisen Chilipulver
3 EL rote Linsen (Masoor Dal)
1/2 l Hühnerbrühe
Salz
150 ml Kokosmilch
2–3 EL Limettensaft
2 EL gehacktes Koriandergrün

Zubereitungszeit: 25 Minuten
+ 40 Minuten Kochen
Kalorien pro Portion: 250 kcal

1_Hähnchenfleisch trockentupfen und
alles sichtbare Fett wegschneiden. Das
Filet in kleine Stücke schnetzeln. Die
Möhre schälen und erst längs in schmale
Scheiben schneiden, diese dann in dünne
Stifte und anschließend in Würfelchen.
Die Zwiebel schälen und fein würfeln, den
Ingwer schälen und fein hacken. Tomaten
waschen und in kleine Stücke schneiden,
dabei die Stielansätze wegschneiden.

2_Das Ghee oder Öl in einem Topf heiß werden lassen. Die Zwiebel darin bei mittlerer Hitze goldgelb bräunen, den Ingwer dazugeben und kurz mitbraten. Das Hähnchenfleisch in den Topf geben und die Gewürze darüberstreuen. Etwa 1 Minute anbraten, dabei fleißig rühren, damit die Gewürze nicht anbrennen.

3_Dann sofort Möhre, Tomaten, Linsen und die Brühe dazugeben und mit Salz würzen. Den Deckel auflegen und das Ganze etwa 30 Minuten bei kleiner Hitze köcheln lassen. Gegen Garzeitende ab und zu kräftig umrühren – so zerfallen die Linsen und die Suppe wird schön sämig.

4_Zuletzt die Kokosmilch in die Suppe rühren und 10 Minuten weiterköcheln lassen. Am Ende noch mal probieren, ob die Suppe noch Salz oder Chili- und Currypulver vertragen könnte. Limettensaft einrühren, dann mit Koriandergrün bestreuen und sofort servieren.

TIPPs

Aus der Mulligatawny wird eine richtig sättigende Mahlzeit, wenn man noch etwas übrigen Reis vom Vortag in die fertige Suppe einrührt und kurz warm werden lässt.
Eine leckere Alternative oder auch eine Ergänzung zur Möhre ist mal 1 Stange Staudensellerie oder ein kleiner, säuerlicher Apfel – beides natürlich genau so fein gewürfelt wie die Möhre!

»Pfefferwasser«
Eine leichte Suppe mit Namen Rasam

Für 4 Personen 3 Tomaten kreuzweise einritzen und mit 700 ml kochend heißem Wasser überbrühen. Die Tomaten häuten und fein würfeln, dabei die Stielansätze entfernen. Das Brühwasser aufbewahren. 2 TL Tamarindenmark mit 100 ml heißem Wasser mischen und 15 Minuten ziehen lassen, dann durch ein Sieb streichen. 1 Knoblauchzehe schälen und durch die Presse drücken. 1 EL Öl in einem Topf heiß werden lassen, darin 5 EL rote Linsen, den Knoblauch, 2–3 getrocknete Chilischoten und je 3/4 TL Kreuzkümmelsamen und Senfkörner 2–3 Minuten andünsten. Tomaten samt Brühwasser, Tamarindenextrakt und 1/4 TL Kurkumapulver dazugeben, umrühren, zugedeckt 35 Minuten bei geringer Hitze köcheln lassen. Die Suppe mit Salz, 1 EL Zucker und 1/2 TL grob gemahlenem, schwarzen Pfeffer abschmecken, noch mal 5 Minuten kochen lassen und dann ganz heiß essen.

Basic-TIPP

Rasams sind eher dünne, wässrige Suppen, die in Südinden als ganz leichtes Gericht bei heißen Temperaturen geschätzt werden – ganz einfach mit Reis und Chutney. Oder sie werden wie ein Aperitif vor dem Essen serviert, gar nicht selten tatsächlich im Glas. Anschließend gehört unbedingt Sambar zum Menü: eine Art dickere Linsensuppe, geschmacklich an Rasam erinnernd, mit ein paar Gemüsestückchen darin. Fertige Sambar-Mischungen gibt es in indischen Lebensmittelgeschäften oder im Asia-Laden zu kaufen.

Basic:

Fritteusen gibt es in Indien nicht, dafür den Karhai, in dem aber tausende knusprige Snacks an jeder Ecke ausgebacken werden.

In diesem Allroundtopf brutzeln die Inder ihre Köstlichkeiten in viel und vor allem ganz heißem Fett. »Talna« nennen sie das. Ein richtig großer, schwerer Topf, der sicher auf dem Herd steht, geht bei uns natürlich genau so gut.

Weil es beim Frittieren ziemlich heiß hergeht, braucht es ein gut hitzeverträgliches Fett: Ideal für indische Gerichte sind hocherhitzbare, neutral schmeckende Öle (z. B. Erdnuss- oder Sonnenblumenöl) oder als geeignet ausgewiesene Mischöle. Auf keinen Fall passend sind hitzeempfindliche, kalt gepresste Öle wie Olivenöl. Dass das Öl heiß genug ist, sieht man schon an den sich wellenden Schlieren am Topfboden. Wer aber sicher gehen will: Einfach einen Holzkochlöffelstiel ins heiße Fett halten. Wenn sofort kleine Bläschen daran aufsteigen, kann's losgehen.

Außen kross, innen saftig-aromatisch – dafür taucht man vorm Frittieren Fisch, Fleisch oder Gemüse in eine schützende Teighülle oder packt sie wie bei den Samosas gleich darin ein. Bei flüssigen Teigen ist vor allem die Konsistenz entscheidend: Der Teig muss haften bleiben. Also bei Bedarf die Mehl- oder Flüssigkeitsmenge variieren – am besten gleich an den Pakoras und Bhajis testen!

im Bild: Knuspergemüse

Frittieren

Knuspergemüse

Bhaji – super Snack zu Bier

Zutaten für 4 Personen:
150 g Kichererbsenmehl | Salz
je 1/2 TL Ajowan, Chili- und Kurkuma-
pulver | 500 g gemischtes Gemüse (mög-
lichst 3–4 verschiedene Sorten;
ideal sind: Gemüsezwiebeln, Möhren,
schmale Auberginen, Paprikaschoten
oder auch mal Zuckerschoten und
Zucchini) | Öl zum Frittieren (etwa 1 l)

Zubereitungszeit: 45 Minuten
Kalorien pro Portion: 280 kcal

1_Mehl mit ordentlich Salz, Gewürzen
(Ajowan möglichst vorher im Mörser zerreiben) und 150 ml Wasser zu einem dick-
flüssigen, eher zähen Teig verrühren. Das
Gemüse waschen, putzen und in etwa
5 cm lange, möglichst feine Stifte oder
Streifen schneiden. Alle Sorten mischen
und gut unter den Teig heben, dann noch
5 Minuten stehen lassen.

2_Öl im Topf heiß werden lassen. Gemüse
gut durchrühren und mit Hilfe von Gabel
und Esslöffel je eine Portion Gemüse mit
Teig herausgreifen (dabei aufpassen, dass
kein zu großer Teigklumpen am Gemüse
haftet), zu einem Häufchen formen und
ins heiße Öl geben. Je rund fünf dieser
Häufchen auf einmal ins Fett geben, in
etwa 5 Minuten knusprig goldbraun ausbacken, dabei ein- bis zweimal wenden.
Mit dem Schaumlöffel herausnehmen
und auf Küchenpapier abtropfen lassen.

Auberginen-Pakoras

Klassiker – bengalisch gewürzt

Zutaten für 4 Personen:
2 Auberginen (etwa 500 g) | Salz
1/4 TL Kurkumapulver | 200 g Kicher-
erbsenmehl | 1 TL Schwarzkümmel
1/4 TL Chilipulver
1 TL gemahlener Kreuzkümmel
Öl zum Frittieren (etwa 1 l)

Zubereitungszeit: 45 Minuten
Kalorien pro Portion: 295 kcal

1_Auberginen waschen, putzen und quer
in 1/2 cm dünne Scheiben schneiden. Die
Scheiben in eine Schüssel geben, 1 EL
Salz und Kurkumapulver darüberstreuen,
mit den Händen kräftig in die Scheiben
einreiben. Etwa 15 Minuten ziehen lassen.

2_Inzwischen den Ausbackteig aus Kicher-
erbsenmehl, Schwarzkümmel, Chili- und
Kreuzkümmelpulver sowie etwa 150 ml
Wasser anrühren und leicht salzen. Der
Teig sollte nicht zu dünnflüssig sein,
damit er gut an den Auberginen haftet.

3_Öl im Topf heiß werden lassen. Auberginen trockentupfen und 5–7 Scheiben in
den Teig geben. Die Scheiben durch den
Teig ziehen und nacheinander zügig ins
heiße Fett geben – immer nur so viele,
dass sie nicht aneinanderkleben. Jeweils
in etwa 5 Minuten goldbraun ausbacken.
Mit dem Schaumlöffel herausnehmen
und auf Küchenpapier abtropfen lassen.

Fisch-Pakoras

Feiner indischer Backfisch

Zutaten für 4 Personen:
450 g festfleischiges, weißes Fischfilet
(z. B. Seelachs oder Rotbarsch)
3 EL Zitronensaft | 2 Msp. Chilipulver
1/4 TL Kurkumapulver | 1 TL Pfeffer-
körner | 150 g Kichererbsenmehl
1 Frühlingszwiebel
2 EL fein gehacktes Koriandergrün
Salz | Öl zum Frittieren (etwa 1 l)

Zubereitungszeit: 45 Minuten
+ 1 Stunde Marinieren
Kalorien pro Portion: 340 kcal

1_Fisch in kurze, etwa 2 cm breite Streifen
oder in 4 cm große Würfel schneiden. Den
Zitronensaft, Chili- und Kurkumapulver in
einer Schüssel verrühren. Fisch darin gut
wenden, zugedeckt 1 Stunde kühl stellen.

2_Die Pfefferkörner im Mörser grob zerstoßen und mit etwa 150 ml Wasser und
dem Mehl verrühren. Die Frühlingszwiebel
waschen, putzen und fein würfeln (Grün
fein hacken). Mit dem Koriandergrün
unter den Teig mischen, salzen.

3_Öl im Topf heiß werden lassen. Nacheinander die Fischstücke einzeln so durch
den Teig ziehen, dass er gut haften bleibt
– und dann rein ins Fett! Nicht zu viele
Stücke auf einmal (mehr als sechs sollten
es nicht sein), damit sie nicht zusammenkleben. In etwa 5 Minuten goldbraun ausbacken, dabei ein- bis zweimal wenden.

Hülsenfrüchte & Gemüse

Da haben die Vegetarier aber Glück gehabt mit Indien. Rein theoretisch hätte sich ja auch die Mongolei zum Fleischverzichter Nr. 1 in der Welt entwickeln können. Ob wir dann jemals Kürbis geschmort mit Tamarindenmark, Kokos-Auberginen-Taler oder Bratkartoffeln mit Garam Masala kennengelernt hätten? Oder etwas über die wunderbaren Verbindungen von Linsen, Bohnen, Kicher-erbsen mit Ajowan, Bockshornklee, Kardamom gehört hätten? Bestimmt – denn Indien ist von Natur aus so reich an Gemüsen mit Aroma, dass es ein-fach zu DER Veggie-Nation in der Welt werden musste. Auch wenn sie sich Kürbis, Kartoffel und Bohne dazu aus Amerika geborgt hat.

Essen & leben

Geht's ums Essen, sind Inder direkt und zupackend. Im Laden, in der Küche und am Tisch gehen sie es erst einmal mit Handarbeit an, und das braucht seine Zeit. Daher sind sie auch für fixe Ideen aus dem Westen offen – so lange sie die selbst in die Hand nehmen können.

Die Köchin, die Diva und der Dampfkochtopf

Das Essen mit den Händen (mehr dazu beim Küchenguru) steht in Indien für die ganze Kochkultur, die buchstäblich ein Handwerk ist. Reis und Linsen werden am Markt aus vollen Säcken geschöpft, Auberginen befühlt, Hühner lebend gekauft, geschlachtet und gerupft. In der Küche geht das so weiter, denn dort gibt es nur wenige Geräte, die zwischen Köchin und Gekochtes kommen. Und da die Zutaten so pur und unverarbeitet wie möglich sind (Seite 38), ist das klassische indische Hausfrauendasein schon am Herd ein Vollzeitjob.

Wofür die jungen India-Boomers natürlich kaum noch Zeit haben. Da aber der cleveren IT-Expertin wie der aufstrebenden Bollywood-Diva (und ihren männlichen Pendants) Kochen und Essen weiter wichtig sind, schätzen sie beschleunigende Maßnahmen wie etwa den Dampfdrucktopf. Den gibt es, wie bei uns den Wok, inzwischen in jedem zweiten Haushalt, um damit mal schnell ein Lammcurry zu kochen – selbst wenn es vom Hammel ist.

Aber auch anderes aus dem Westen wird in den Großstädten gerne ausprobiert – Coffeeshops, Bagelbars, Burgerbuden –, so lange es dort schön indisch zugeht: »Bitte einmal Chutney statt Ketchup zum Burger und das Clubsandwich mit Tandoori-Chicken!«

Sag mal, Küchenguru …

… wie ist das mit den Händen beim Essen?

Ah, die Sache mit der linken und der rechten Hand? Nun, die linke gilt bei uns als unrein, da sie traditionell auf der Toilette genutzt wird. Deswegen wird diese beim Speisen am besten unterm Tisch versteckt (niemals damit das Essen für alle berühren!), während die rechte zum Zugreifen da ist – wörtlich, denn wir essen am liebsten mit den Händen. Vor allem im Süden, wo man mit der ganzen Hand nach und nach den Reis mit den übrigen Gerichten vermischt (oft auf Bananenblättern) und so dann in den Mund steckt. Im Norden des Landes formt man eher mit den Fingern Fladenbrot zum »Löffel« und schiebt sich damit Gemüse, Fleisch, Saucen und vieles mehr in den Mund. So oder so – vor und nach dem Mahl Händewaschen nie(!) vergessen.

Warum das alles? Sorge um Hygiene und Wohlergehen – mehr dazu beim Küchenguru im nächsten Kapitel an dieser Stelle.

Ist fast indisch!

Kann es etwas besseres als Reis zum indischen Essen geben, ganz besonders etwas besseres als Basmati-Reis? Manchmal schon. Diese Kartoffeln zum Beispiel, würzige entfernte Verwandte unserer Salzkartoffeln, welche zu Gulasch schmecken – von dem wiederum ein Lammcurry nicht so weit weg ist.

Indische Würzkartoffeln

Wir brauchen: 1 Stück frischen Ingwer (4 cm), 2 Chilischoten, 600 g vorwiegend fest kochende Kartoffeln, 1 Handvoll frische oder 2 Handvoll getrocknete Curryblätter, 2 Lorbeerblätter, 1/2 TL Salz, 1 Briefchen oder Döschen Safranfäden mit 0,1 g Inhalt.

Das Stück Ingwer wird geschält und in Scheiben geschnitten. Die Chilischoten waschen, entstielen und längs halbieren, dann quer fein schneiden – mit Kernen wird's schärfer, ohne Kerne milder. Die Kartoffeln waschen, schälen und vierteln. Curryblätter in einen Teebeutel (am besten aus Papier) füllen und zubinden.

Nun die Kartoffeln samt Ingwer, Chilis, Curryblättern im Beutel, Lorbeerblättern, Salz und dem Safran in einen Topf geben, knapp mit lauwarmem Wasser bedecken und in 15–20 Minuten bissfest garen. Die Curry- und Lorbeerblätter entfernen, die Kartoffeln abgießen und kurz auf dem ausgeschalteten Herd ausdampfen lassen. Sie passen gut zu Schmorgerichten und schmecken auch solo mit Joghurt.

Essen & verstehen: Dal

Ist nicht indisch: Sabzi Chop

Indisch klingen tut es schon, der erste Teil ist es auch: »Sabzi«, Gemüse. Aber was ist ein »Chop«? Etwas Englisches.

»Chops« stehen für »Hiebe«, und die braucht man, um einen Lammrücken in Koteletts zu teilen (Lamb Chops) und aus Steak Hackfleisch zu machen (Chopped Meat). Aus beidem hat Indien ein vegetarisches Ding gemacht: gehackte »Gemüsekoteletts«, Sabzi Chops. Kartoffeln sind oft die Basis, die gekochte und zerkleinerte Gemüse aller Art binden. Das wird kräftig gewürzt, zu Plätzchen geformt, paniert wie ein Kotelett und knusprig gebraten.

Hülsenfrüchte zeigen, wie schwer Indien zu fassen ist. Da werden Linsen zu Erbsen, schwarze zu weißen Bohnen. Gekocht wird alles zu »Dal«, zu Indiens würzigem Brei.

Arhar Dal: gewachste, gelbe Linsen (ungewachst heißen sie Too(va)r Dal, englisch: Pigeonpeas)
Chana: Kichererbsen (dunkle: Kala Chana, helle: Kabuli Chana), aber: Chana Dal sind halbierte, gelbe Kichererbsen (auf Englisch Bengal Gram)
Lobhia: Schwarzaugenbohnen – die in englischer Übersetzung zu Erbsen werden: Cowpeas oder Black Eyed Peas
Masoor Dal: rote Linsen
Moong Dal: grüne Mungbohnen, die geschält gelb aussehen
Rajma: rote Bohnen, Kidneybohnen
Urad Dal: kleine, schwarze Linsen, die geschält weiß aussehen

Masala-Gemüse

Bunt und ganz schön scharf

Zutaten für 4 Personen:
300 g Blumenkohl
2 fest kochende Kartoffeln
2 große Möhren
100 g tiefgekühlte, grüne Bohnen
100 g tiefgekühlte Erbsen
2 Tomaten
1 Zwiebel
2 Knoblauchzehen
1 Stück frischer Ingwer (etwa 4 cm)
2 grüne Chilischoten
4 EL Erdnussöl
1/2 TL Chilipulver
1/2 TL Kurkumapulver
200 g Joghurt
2 EL getrocknete Bockshornkleeblätter
Salz

Zubereitungszeit: 30 Minuten
+ 25–30 Minuten Garen
Kalorien pro Portion: 240 kcal

1_Die einzelnen Blumenkohlröschen vom dicken Strunk abbrechen und die äußeren Blätter wegschneiden. Waschen, große Röschen noch mal halbieren. Kartoffeln und Möhren schälen. Die Kartoffeln in etwa 3 cm große Stücke, die Möhren in dickere Scheiben schneiden. Die Bohnen und Erbsen schon mal aus der Kühltruhe nehmen und antauen lassen. Tomaten waschen und in kleine Würfel schneiden, dabei die Stielansätze wegschneiden.

2_Die Zwiebel schälen, längs halbieren und die Hälften längs in feine Streifen schneiden. Knoblauch und Ingwer schälen und möglichst fein hacken. Chilis waschen, entstielen und fein hacken. Öl in einem Topf heiß werden lassen. Darin erst die Zwiebel goldgelb anbraten, dann Knoblauch und Ingwer dazugeben und etwa 1 Minute braten, dabei kräftig rühren.

3_Blumenkohl, Kartoffeln, Möhren, Erbsen und Bohnen in den Topf geben, Chili- und Kurkumapulver darüberstreuen, 1 Minute weiterrühren. Tomaten, Chilis, Joghurt, Bockshornkleeblätter und etwa 300 ml Wasser gut unterrühren, salzen. Deckel drauflegen und alles zugedeckt 25–30 Minuten bei mittlerer Hitze kochen. Immer mal wieder durchrühren und eventuell noch ein bisschen Wasser dazugeben – die Sauce sollte allerdings nicht zu dünn werden. Am Ende checken, ob genug Salz dran ist, dann schnell auf den Tisch damit!

Bengalisches Gemüse aus der Pfanne

Mild und einfach lecker

Zutaten für 4 Personen:
4 EL Kokosraspel
1 Stück weißer Rettich (etwa 200 g)
1 kleine Aubergine (etwa 150 g)
1 Stück geputzter Kürbis (etwa 200 g, ungeputzt sind das 300 g, am besten Hokkaido-Kürbis)
300 g Wurzelspinat
4 EL Sonnenblumenöl
1 EL Panch Phoran
1 TL gemahlener Kreuzkümmel
1/4 TL Kurkumapulver
1/4 TL Chilipulver
1–2 TL brauner Zucker
Salz

Zubereitungszeit: 35 Minuten
Kalorien pro Portion: 250 kcal

1_Kokosraspel in einem Schälchen mit 150 ml heißem Wasser übergießen und quellen lassen. Inzwischen den Rettich schälen, Aubergine waschen und putzen. Beides wie auch den Kürbis 1 cm groß

würfeln. Vom Spinat Wurzeln abschneiden und unschöne Blätter aussortieren, dann waschen und abtropfen lassen.

2_Öl im Wok oder einer Pfanne erhitzen, Panch Phoran reinstreuen und braten, bis es leicht knistert. Rettich, Aubergine und Kürbis dazugeben, alles gut verrühren, 2 Minuten anbraten. Gemahlene Gewürze, Zucker und Salz darüberstreuen, Kokosraspel samt Wasser dazugießen. Einen Deckel auflegen und alles bei mittlerer Hitze etwa 7 Minuten garen. Dann den Spinat vorsichtig unterheben und weitere 5 Minuten braten. Ab und zu umrühren, eventuell ein paar Löffel Wasser dazugeben, damit nichts anbrennt – das Gemüse soll aber eher trocken sein.

TIPPs
Den kräftig-aromatischen Wurzelspinat gibt's vor allem im Herbst und Winter. Er ist relativ robust und verträgt dadurch auch etwas länger Hitze. Bekommt man nur normalen Blattspinat, diesen einfach kurz vor Garzeitende unterheben und in 2–3 Minuten zusammenfallen lassen. Übringens: Fein schmecken auch Süßkartoffeln statt oder kombiniert mit Kürbis.

Erbsen-Pilz-Gemüse

Ungewöhnliches aus dem Punjab

Zutaten für 4 Personen:
2 Zwiebeln | 3 Knoblauchzehen
1 Stück frischer Ingwer (etwa 5 cm)
2 EL Ghee
300 g stückige Tomaten (aus der Dose)
200 g Joghurt | 2 1/2 TL Garam Masala
2 1/2 TL gemahlener Koriander
1 TL gemahlener Kreuzkümmel
1–1 1/2 TL Chilipulver
300 g möglichst kleine Egerlinge
400 g tiefgekühlte Erbsen
Salz | Zucker

Zubereitungszeit: 50 Minuten
Kalorien pro Portion: 190 kcal

1_Zwiebeln, Knoblauch und den Ingwer schälen und grob zerschneiden. Alles mit dem Pürierstab, in der Küchenmaschine oder im Mörser fein pürieren.

2_Ghee im Wok erhitzen, das Zwiebelpüree darin bei mittlerer bis starker Hitze 8–10 Minuten braten, bis es leicht bräunt, dabei immer mal wieder durchrühren.

3_Tomaten, Joghurt, 200 ml Wasser und Gewürze dazugeben und bei starker Hitze offen in 7–10 Minuten unter häufigem Rühren einkochen lassen, bis gut zwei Drittel der Flüssigkeit verdampft sind.

4_Inzwischen die Pilze abreiben, putzen, und halbieren. Pilze mit den gefrorenen Erbsen unter die Sauce mischen, zugedeckt knapp 20 Minuten bei mittlerer Hitze garen. Immer mal wieder umrühren. Falls die Sauce zu sehr einkocht, einfach ein wenig Wasser nachgießen.

5_Gemüse mit Salz und Zucker würzen. Deckel vom Topf nehmen und die Temperatur auf größte Hitze stellen. Jetzt das Gemüse unter Rühren noch gut 5 Minuten kräftig kochen lassen. Die Sauce sollte am Ende fast verdampft und marmeladig sein. Dann sofort servieren.

TIPPs
Noch kräftiger im Geschmack wird das Gemüse, wenn man zusätzlich 80–100 g vorher eingeweichte, getrocknete Pilze (Steinpilze oder Morcheln) mitkocht. Es passt besonders gut zu deftigem Lamm wie Rogan Ghost (Seite 102) oder den Lammkotelett von Seite 111.

Frischkäse selbst gemacht

Vielseitige Grundlage für super Veggie-Gerichte

Paneer – den indischen Frischkäse gibt's nicht fertig zu kaufen. Selbermachen lautet daher die Devise.

Zutaten für 4 Personen
(ergibt etwa 250 g Frischkäse):
2 l frische Vollmilch
6–8 EL Zitronensaft oder Branntweinessig

Zubereitungszeit: 30 Minuten
+ 6–8 Stunden Ruhen
Kalorien pro Portion: 140 kcal

1_Die Milch in einen großen Topf schütten und ganz langsam bei mittlerer Hitze zum Kochen bringen. Dabei am Anfang ab und zu, später kräftig mit dem Schneebesen rühren, damit die Milch nicht anbrennt.

2_Sobald die Milch kocht, den Zitronensaft oder Branntweinessig einrühren und nur noch so lange auf dem Herd lassen, bis sich die gelbliche, flüssige Molke von der weißen, flockigen Käsemasse trennt. Wenn das nicht richtig klappt, etwas mehr Zitronensaft oder Essig zugeben und kurz weiterköcheln lassen.

3_Den ganzen Topfinhalt dann in ein feinmaschiges Sieb gießen und 1/2 Minute mit kaltem Wasser abbrausen, dabei mit einem Löffel gut durchrühren. Dann die Käsekrümel im Sieb abtropfen lassen. Eine Schüssel mit einem Küchen- oder Mulltuch ausschlagen und die Krümel hineinschütten. Das Tuch fest von oben zusammendrehen und -drücken, damit so viel Flüssigkeit wie möglich aus dem Käse abfließt.

Oder den Paneer auch mal wie im TIPP auf Seite 42 verarbeiten.

Basic-TIPPs

Ungeduldige und Liebhaber von Schicht- käse oder Ricotta können den Paneer natürlich auch nur ganz kurz mit ordent- lich Gewicht zusammenpressen (etwa 5 Minuten) und ihn dann gleich frisch auf- schneiden und essen: etwa auf Tomaten- scheiben mit etwas Salz, reichlich Pfeffer aus der Mühle sowie frisch gehacktem Koriandergrün darüber.

Oder den Paneer auch mal wie im TIPP auf Seite 42 verarbeiten.

Super praktisch: Wer den Käse zubereitet und die Wartezeit in Kauf genommen hat, wird belohnt: Paneer lässt sich auch sehr gut einfrieren.

TIPP

Paneer wird in Indien häufig nur in schön sämigen Saucen auf den Tisch gestellt. Dazu eignen sich einige Saucen – einfach ohne Fleisch oder Fisch kochen und stattdessen den in Stücke geschnittenen Frischkäse einlegen. Super sind: die cremige Tomatensauce (Seite 82), die Spinatsauce (Seite 101) oder die Korma-Saucen (Seite 113).

Und hier gibt's: Paneer mit Spinat

Für 4 Personen braucht's eine Portion fertigen Paneer (250 g) – wie im Rezept links be- schrieben zubereitet. Für den Spinat einfach 600 g tiefgekühlten Spinat im Sieb auftauen und abtropfen lassen. 1 Zwiebel schälen und fein würfeln, 2 Knoblauchzehen und 1 Stück frischen Ingwer (etwa 2 cm) schälen und fein hacken. In einer großen, hohen Pfanne 2 EL Sonnenblumenöl erhitzen und darin die Zwiebel hellbraun dünsten. Je 1/2 TL Bockshorn- klee- und Kreuzkümmelsamen sowie Ingwer und Knoblauch dazugeben, etwa 1 Minute unter Rühren mitbraten. Dann 250 g stückige Tomaten (aus der Dose) unterrühren und bei mittlerer bis starker Hitze in 5–7 Minuten offen einköcheln lassen. Nun den Spinat unter- rühren und mit 1/2 TL gemahlenem Koriander, 1/4 TL Chilipulver, Salz, Pfeffer und 1 Prise Zucker würzen. Etwa 5 Minuten weiterköcheln lassen. Den Paneer in Würfel schneiden und vorsichtig unter den heißen Spinat heben, nur kurz heiß werden lassen.

4_Jetzt das Tuch mit dem Käse in eine Schale legen und den Käse darin etwa 2 cm hoch mit den Fingern festdrücken. Die Seiten des Tuches über den Käse schlagen und ein Küchenbrett oder einen Teller darauf legen. In den Kühlschrank stellen und mit möglichst großen Konser- vendosen beschweren. In 6–8 Stunden (noch besser über Nacht) wird der Käse dann fest und kann geschnitten werden.

Erdnuss-Gemüse-Curry

Hier macht's die Nuss

Zutaten für 4 Personen:
50 g geröstete, ungesalzene Erdnüsse
300 g geputzter Kürbis (das sind 450 g
ungeputzter Kürbis; ideal: grünschaliger
Moschus- oder Hokkaido-Kürbis)
2 große, grüne Paprikaschoten
2 EL Sesamsamen
1 EL Tamarindenmark
2 EL Erdnussmus (aus dem Glas)
200 ml Kokosmilch
1/2–1 TL Chilipulver
1 1/2 TL gemahlener Koriander
2 EL Sonnenblumenöl
1 TL braune Senfkörner
1/2 TL Kreuzkümmelsamen
15 Curryblätter
Salz | Zucker

Zubereitungszeit: 1 Stunde
Kalorien pro Portion: 350 kcal

1_Erdnüsse mit 1/4 l Wasser in einem
Topf bei mittlerer Hitze etwa 40 Minuten
zugedeckt köcheln lassen (so quellen sie
auf und werden weicher). Inzwischen den
Kürbis 1 cm groß würfeln. Die Paprika hal-

bieren, putzen, waschen und in 2 cm
große Stücke schneiden. Sesamsamen im
Mörser zerreiben. Das Tamarindenmark
mit 100 ml heißem Wasser übergießen
und 15 Minuten quellen lassen.

2_Tamarindenmark durch ein feines Sieb
streichen, die Flüssigkeit auffangen. Mit
Sesam, Erdnussmus, Kokosmilch, Chili
und Koriander zu einer Sauce verrühren.

3_Öl im Wok erhitzen. Senfkörner, Kreuzkümmel und Curryblätter darin rösten, bis
alles knistert. Paprika und Kürbis dazugeben und unter Rühren kurz anbraten.
Ein paar Löffel Wasser zufügen, salzen,
Deckel drauflegen und in 10–15 Minuten
fast gar kochen. Aus dem Wok in eine
Schüssel füllen und zur Seite stellen. Die
Erdnüsse in ein Sieb abgießen, dabei das
ablaufende Wasser auffangen,

4_Wok zurück auf den Herd stellen und
Erdnüsse und Kokos-Nuss-Sauce hineingeben. Offen bei starker Hitze unter
Rühren sämig einkochen lassen. Mit Salz
und Zucker abschmecken. Paprika und
Kürbis zugeben und so viel vom Erdnuss-
kochwasser einrühren, dass die Sauce
cremig bleibt. Jetzt noch etwa 5 Minuten
bei mittlerer Hitze ganz gar kochen lassen.

Chili-Kürbis-Curry

Ganz schön scharf

Zutaten für 4 Personen:
1 EL Tamarindenmark
600 g geputzter Kürbis (das sind 750 g
ungeputzter Kürbis; ideal: orange-
farbener Hokkaido- oder Muskat-Kürbis)
2 Tomaten
2 kleine Zwiebeln
3 Knoblauchzehen
2 EL Erdnussöl
1/4 TL Kurkumapulver
1/2–1 TL Chilipulver
1 TL gemahlener Koriander
Salz
1 TL brauner Zucker
1/2 TL Fenchelsamen

Zubereitungszeit: 30 Minuten
+ 30–35 Minuten Garen
Kalorien pro Portion: 125 kcal

1_Das Tamarindenmark mit 75 ml heißem
Wasser übergießen, mit einer Gabel zerfasern und 15 Minuten ziehen lassen.

2_Inzwischen den Kürbis in etwa 2 cm große Würfel schneiden. Die Tomaten waschen und würfeln, dabei die Stielansätze wegschneiden. Zwiebeln schälen, längs halbieren, dann in dünne Streifen schneiden. Den Knoblauch schälen und durch die Presse drücken.

3_Das Tamarindenmark in ein feines Sieb gießen und mit einem Löffel so viel Flüssigkeit und Mark wie möglich kräftig durchpressen und auffangen.

4_Öl im Wok oder in einem Topf erhitzen. Darin die Zwiebeln und den Knoblauch unter Rühren hellbraun anbraten. Kürbis, Kurkuma, Chili und Koriander dazugeben und unter Rühren 5 Minuten bei mittlerer Hitze braten.

5_Den Kürbis salzen und die Tomaten, das Tamarindenextrakt und 100 ml Wasser zugeben. Zugedeckt bei mittlerer Hitze etwa 15 Minuten köcheln lassen. Zucker und Fenchelsamen unter den Kürbis rühren und weitere 15–20 Minuten köcheln lassen, bis der Kürbis gar ist.

Okra-Masala

Einfach schnell gewokkt

Zutaten für 4 Personen:
2 Zwiebeln
4 Knoblauchzehen
500 g Okraschoten (gibt's im Asia-Laden oder beim türkischen Gemüsehändler)
4 EL Erdnuss- oder Sonnenblumenöl
1 TL braune Senfkörner
1 TL gemahlener Kreuzkümmel
1 TL gemahlener Koriander
1 1/2 TL Garam Masala
Salz
2 EL Kokosraspel

Zubereitungszeit: 35 Minuten
Kalorien pro Portion: 210 kcal

1_Die Zwiebeln schälen und in möglichst kleine Würfel schneiden oder fein hacken. Den Knoblauch schälen und durch die Presse drücken. Okraschoten waschen und die Stielansätze und die Spitzen abschneiden, dann die Schoten einmal quer halbieren.

2_Öl im Wok oder in einer beschichteten Pfanne heiß werden lassen. Darin die Zwiebeln bei mittlerer Hitze schön hellbraun braten. Knoblauch und Senfkörner knapp 1 Minute mitbraten, dann die Okraschoten dazugeben. Gewürze darüberstreuen, salzen und alles einmal kräftig durchrühren. Jetzt bei starker Hitze fleißig weiterrühren. Sollte alles etwas zu trocken werden, eventuell 1 EL Wasser dazugeben. Die Okras in 12–15 Minuten fertig garen, dabei nach etwa 10 Minuten die Kokosraspel untermengen. Sofort servieren.

TIPP

Okraschoten sondern, sobald man sie aufschneidet, einen klebrigen Schleim ab. Das schadet diesem Gericht aber überhaupt nicht: Zum einen werden die Schoten bei großer Hitze in Wok oder Pfanne gebraten, sodass der Schleim teilweise verdunstet. Zum Anderen verbindet sich der übrige Schleim mit dem Zwiebel-Gewürz-Masala, das dadurch umso besser an den Schoten haften bleibt.

Gujarat-Bohnen

Einfach und richtig gut

Zutaten für 4 Personen:
500 g grüne Bohnen (Busch-
oder Stangenbohnen, ersatzweise aufge-
taute TK-Bohnen)
3 EL Erdnussöl
1 Msp. Asafoetida
1/2 TL Ajowan
Salz
1 grüne Chilischote
1/2–1 TL Zucker
1 EL gehacktes Koriandergrün

Zubereitungszeit: 45 Minuten
Kalorien pro Portion: 130 kcal

1_Die Bohnen waschen und abtropfen
lassen. Enden knapp abschneiden, dann
die Bohnen in maximal 1 cm breite Stücke
schneiden. Das geht am schnellsten und
besten, wenn man immer ein Bündel aus
mehreren Bohnen zusammen schneidet.

2_Das Öl in einem Wok oder einer Pfanne
heiß werden lassen. Asafoetida hinein-
streuen und etwa 1/2 Minute anrösten.

3_Bohnen und Ajowan in die Pfanne
geben und 2 Minuten unter Rühren
andünsten. Salzen und etwa 400 ml
Wasser dazugießen.

4_Deckel drauflegen und die Bohnen
15 Minuten bei mittlerer Hitze köcheln
lassen. Inzwischen Chilischote waschen,
entstielen und in dünne Ringe schneiden.
Chili und Zucker unter die Bohnen rühren
und offen 10–15 Minuten weiterköcheln
lassen. Die Bohnen sollten zwar gar, aber
nicht zu weich sein. Jetzt noch mal mit
Zucker und Salz abschmecken und das
Koriandergrün untermischen. Die Bohnen
schmecken als Gemüsebeilage super zu
einem saftigen Fleischcurry oder auch
einem Gemüsegericht mit viel Sauce.

TIPP
Entkernen oder nicht? Das ist für viele die
Frage bei Chilischoten. In Indien bleiben
die Kerne drin. Wer es aber weniger scharf
mag, halbiert die Schoten und kratzt die
Kerne und Trennwände mit einem spitzen
Messer raus, denn darin steckt das meiste
Feuer. Danach unbedingt Hände waschen
und damit nicht die Augen reiben!

Auberginen-Spinat-Gemüse

Geht super schnell

Zutaten für 4 Personen:
300 g Spinat
1 große Aubergine
2 Tomaten
1 Knoblauchzehe
1 Stück frischer Ingwer (etwa 3 cm)
2–3 grüne Chilischoten
3 EL Ghee oder Erdnussöl
1 TL gemahlener Koriander
1 TL gemahlener Kreuzkümmel
Salz

Zubereitungszeit: 30 Minuten
Kalorien pro Portion: 100 kcal

1_Vom Spinat alle gelben, welken Blätter
aussortieren. Reichlich kaltes Wasser ins
Waschbecken laufen lassen. Spinat gut
darin schwenken, herausnehmen und in
ein Sieb zum Abtropfen geben.

2_Die Aubergine waschen, Stielansatz
wegschneiden, Aubergine längs in 1 cm
dicke Scheiben schneiden. Die Scheiben
in 1 cm breite Streifen und diese in 1 cm
große Würfel schneiden.

3_Die Tomaten waschen und fein würfeln, dabei die Stielansätze wegschneiden. Den Knoblauch schälen und durch die Presse drücken. Ingwer schälen und reiben oder ganz fein würfeln. Chilischoten waschen, entstielen und in feine Ringe schneiden.

4_Ghee oder Öl in einem Wok erhitzen. Aubergine, Knoblauch, Ingwer, Chilis, Koriander und Kreuzkümmel darin bei mittlerer Hitze 1 Minute anbraten. Die Tomaten dazugeben und unter Rühren 3 Minuten weiterbraten, salzen. Deckel drauflegen und das Gemüse 5–7 Minuten garen. Bei Bedarf 2–3 EL Wasser dazugießen, damit nichts anbrennt.

5_Spinat unter die Aubergine und die Tomaten mischen und zugedeckt etwa 5 Minuten weiterköcheln lassen, ab und zu umrühren. Wenn die Auberginen weich genug sind, das Gemüse sofort servieren.

TIPP

An frischem Spinat sind meist junger Blattspinat (auch prima für Salate) oder der robuste Wurzelspinat (meist im Herbst/Winter) im Angebot. Sehr zarten, jungen Spinat eventuell nur 2–3 Minuten mitkochen.

Kokos-Auberginen-Taler

Sehen richtig super aus und schmecken genauso gut

Zutaten für 4–8 Personen:
4 große Auberginen (etwa 1 kg)
etwa 150 ml Sonnenblumenöl
1 EL Tamarindenmark | 2 große Zwiebeln
3 EL gehacktes Koriandergrün
4 EL Kokosraspel | 1/4 l Kokosmilch
2–3 getrocknete Chilischoten
1 TL gemahlener Koriander
1 Prise Kurkumapulver | Salz | Zucker

Zubereitungszeit: 50 Minuten
+ 25 Minuten Backen
Kalorien pro Portion (bei 4 Personen):
480 kcal

1_Auberginen waschen, putzen, in 1 cm dicke Scheiben schneiden. 2–5 EL Öl in einer Pfanne erhitzen. Nacheinander die Auberginen pro Seite ca. 6 Minuten braten. Falls nötig, Hitze reduzieren oder Öl zugeben. Auf Küchenpapier entfetten. Tamarindenmark mit 100 ml heißem Wasser verrühren und 10 Minuten stehen lassen.

2_Zwiebeln schälen, grob zerschneiden und mit Koriandergrün, Kokosraspeln, Kokosmilch und Chilis mit dem Pürierstab oder in der Küchenmaschine sehr fein pürieren. Koriander- und Kurkumapulver unterrühren und das Ganze in eine beschichtete Pfanne geben. Tamarindenmark durch ein feines Sieb dazustreichen.

3_Den Backofen auf 200 Grad (Umluft 180 Grad) vorheizen. Kokosmasse in der Pfanne bei mittlerer bis starker Hitze offen so lange kochen, bis fast die gesamte Flüssigkeit verdunstet ist. Mit Salz und Zucker abschmecken, vom Herd nehmen.

4_Eine flache Auflaufform mit etwas Öl auspinseln. Die Hälfte der Auberginen in die Form legen und mit der Kokosmasse bestreichen, dann die andere Hälfte der Auberginenscheiben darauflegen und leicht festdrücken. Die Taler mit wenig Öl beträufeln. Form mit Alufolie abdecken und das Gemüse im Ofen (Mitte) etwa 25 Minuten backen.

TIPP

Mit Reis und einem Fischcurry oder Dal servieren. Auch fein für 8 Leute: mit einer Tomaten-Raita (Seite 124) als Vorspeise.

Gefüllte Zucchini

Machen richtig schön satt

Zutaten für 4 Personen:
2 fest kochende Kartoffeln (oder
Pellkartoffeln vom Vortag)
Salz
4 große, dickere Zucchini (à etwa 350 g)
3 EL gemahlene Mandeln
7 EL Sonnenblumenöl
125 g Paneer (Rezept Seite 62,
nur die halbe Menge zubereiten)
3 EL Rosinen
3 Zwiebeln
3 Knoblauchzehen
1/2 TL gemahlener Kreuzkümmel
1/2 TL Chilipulver
2 1/2 TL Garam Masala
Pfeffer aus der Mühle
3 EL gehacktes Koriandergrün
Saft von 1/2 Zitrone
1 Stück frischer Ingwer (etwa 2 cm)
1 kleine Dose stückige Tomaten
(400 g Inhalt)
Zucker

Zubereitungszeit: 1 Stunde 35 Minuten
Kalorien pro Portion: 480 kcal

1_Die Kartoffeln waschen und mit der Schale in Salzwasser zugedeckt in etwa 25 Minuten gar kochen. Abgießen und ausdampfen lassen.

2_Inzwischen die Zuchini waschen, die Enden abschneiden, dann die Zucchini längs halbieren. Mit einem Löffel die Kerne und das Fruchtfleisch so großzügig auskratzen, dass ein etwa 1/2 cm breiter Rand stehen bleibt. Das ausgekratzte Zucchinifleisch fein hacken. Die Mandeln in ein kleines Schälchen geben, mit etwa 100 ml heißem Wasser übergießen und quellen lassen.

3_Etwa 3 EL Öl in einer großen Pfanne heiß werden lassen. Vier Zucchinihälften mit der Schalenseite nach unten reinlegen und braun anbraten. Dabei die Zucchini ab und an wenden, damit sie möglichst rundum leicht anbräunen. Erste Lage rausnehmen und die zweite genauso braten und rausnehmen.

4_Leicht abgekühlte Kartoffeln pellen, mit dem Kartoffelstampfer zerdrücken. Paneer mit einer Gabel zerkrümeln, die Rosinen grob hacken. Die Zwiebeln und den Knoblauch schälen und fein würfeln.

5_In der Pfanne 2 EL Öl erhitzen. Darin jeweils zwei Drittel der Zwiebeln und des Knoblauchs hellbraun andünsten. Das gehackte Zucchinifleisch dazugeben und unter Rühren bei starker Hitze braten, bis es weich und leicht gebräunt und die Flüssigkeit verdampft ist.

6_Jetzt Kartoffeln, eingeweichte Mandeln, Rosinen und Gewürze dazugeben – dabei 1/2 TL Garam Masala zurückbehalten. Mit Salz und Pfeffer würzen. Die Pfanne vom Herd nehmen und Paneer, Koriandergrün und Zitronensaft unterrühren, bei Bedarf noch mal nachwürzen.

7_Den Ingwer schälen und fein hacken. In einer großen Pfanne restliches Öl heiß werden lassen. Darin übrige Zwiebeln, restlichen Knoblauch und den Ingwer anbraten. Die Tomatenstücke unterrühren und mit zurückbehaltenem Garam Masala, Salz, Pfeffer und etwas Zucker würzen. Offen etwa 10 Minuten bei mittlerer Hitze köcheln lassen.

8_Während die Sauce gemütlich kocht, die Hälfte der Zucchini mit der Kartoffel-Zucchini-Masse füllen. Die übrigen Hälften darüberlegen, leicht festdrücken. Dann gefüllte Zucchini in die Tomatensauce geben. Deckel auf die Pfanne legen und alles in etwa 15 Minuten bei mittlerer Hitze fertig garen. Zucchini nach Wunsch in Scheiben schneiden, mit Reis servieren.

Basic-TIPP

Zucchini gibt's eigentlich nicht in Indien, dafür aber eine ganze Menge an ähnlichen Kürbissorten: kleine Parwals oder große Laukis mit relativ fester Schale. Beide Sorten bekommt man ab und an in indischen Geschäften. Weniger empfehlenswert, die warzigen dunkelgrünen Bittergurken (Karelas) – echt bitter!

Kartoffel-Blumenkohl-Curry

Aloo Gobi – Klassiker aus dem Punjab

Zutaten für 4 Personen:
500 g Blumenkohl
400 g fest kochende Kartoffeln
3 richtig reife Tomaten | 1 Zwiebel
1 Stück frischer Ingwer (etwa 5 cm)
4 EL Ghee | Salz
1/2 TL Kreuzkümmelsamen
3/4 TL gemahlener Kreuzkümmel
3/4 TL gemahlener Koriander
3/4 TL Garam Masala
1/4 TL Chilipulver | 1/2 TL Zucker
2 EL gehacktes Koriandergrün

Zubereitungszeit: 50 Minuten
+ 25–30 Minuten Garen
Kalorien pro Portion: 185 kcal

1_Die Blätter vom Kohl abschneiden und die einzelnen Röschen von dem Strunk brechen, große dabei in mundgerechte Stücke schneiden. Die Kartoffeln schälen, waschen und in etwa 4 cm große Stücke schneiden. Die Tomaten waschen und klein würfeln, dabei die Stielansätze wegschneiden. Die Zwiebel schälen und klein würfeln. Den Ingwer schälen und in dünne Stifte schneiden.

2_In einer beschichteten Pfanne 2 EL Ghee heiß werden lassen. Blumenkohl hineingeben, einmal gut durchrühren, salzen und bei mittlerer Hitze in etwa 5 Minuten rundum leicht braun anbraten. Aus der Pfanne nehmen und restliches Ghee darin heiß werden lassen.

3_Die Kartoffeln darin schwenken, dann 5 Minuten anbraten, salzen. Zwiebel und Kreuzkümmelsamen dazugeben und etwa 5 Minuten weiterbraten, bis die Zwiebel hell gebräunt ist. Dann Ingwer und die gemahlenen Gewürze unterrühren und 1 Minute mitbraten.

4_Tomaten dazugeben, 2 Minuten weiterrühren. 250–300 ml Wasser dazugießen, Blumenkohl unterheben, Deckel auflegen und alles 25–30 Minuten bei kleiner Hitze gar kochen. Sollte die Sauce noch recht flüssig sein, die letzten 5 Minuten die Hitze erhöhen und das Curry offen etwas einkochen lassen. Mit Salz und Zucker abschmecken und vorm Servieren mit Koriandergrün bestreuen.

Kartoffel-Tomaten-Brei

Einfacher und leckerer Sattmacher

Zutaten für 4 Personen:
450 g mehlig kochende Kartoffeln
Salz
1 grüne Chilischote
5 Tomaten
1 Stück frischer Ingwer (etwa 5 cm)
1 Knoblauchzehe
3 EL Ghee
1 TL gemahlener Koriander
1 TL gemahlener Kreuzkümmel
1/4 TL Kurkumapulver
Pfeffer aus der Mühle
2 EL gehacktes Koriandergrün

Zubereitungszeit: 15 Minuten
+ 25 Minuten Kartoffelgaren
Kalorien pro Portion: 80 kcal

1_Die Kartoffeln unter fließend kaltem Wasser kräftig abbürsten, dann in einen Topf mit Wasser geben, sodass sie eben bedeckt sind. Salzen und zum Kochen bringen, bei mittlerer Hitze zugedeckt in 20–25 Minuten gar kochen. Die Kartoffeln abgießen und ausdampfen lassen.

2_Die Chilischote waschen, entstielen und fein hacken. Die Tomaten waschen und in kleine Würfel schneiden, dabei die Stielansätze wegschneiden. Den Ingwer und den Knoblauch schälen und klein hacken.

3_Sobald die Kartoffeln etwas abgekühlt sind, pellen und auf einem Teller mit einer Gabel in grobe Stücke zerdrücken.

4_Das Ghee in einer Pfanne heiß werden lassen. Ingwer, Knoblauch und gemahlene Gewürze einrühren und bei mittlerer Hitze 2–3 Minuten anrösten. Dann Kartoffeln dazugeben und 1 Minute mitbraten. Chilischote und die Tomaten unterrühren und kräftig mit Salz und Pfeffer würzen. Dann bei mittlerer bis starker Hitze unter Rühren etwa 5 Minuten braten, bis die Tomaten leicht zerkocht sind und sich breiig mit den Kartoffeln verbinden. Koriandergrün darüberstreuen und heiß servieren.

TIPP

In Indien ist der Kartoffel-Tomaten-Brei zusammen mit Pooris (frittierte Brote, Seite 120) ein beliebtes Frühstück. Wir machen mit einem erfrischenden grünen Salat ein richtiges Mittagessen daraus!

Indische Bratkartoffeln

Schmecken gut mit Spiegelei

Zutaten für 4 Personen:
750 g fest kochende Kartoffeln
(oder Pellkartoffeln vom Vortag)
Salz
2 große Zwiebeln
4 EL Ghee
1 Lorbeerblatt
1/2 TL gemahlener Kreuzkümmel
1/2 TL gemahlener Koriander
1/2 TL Chilipulver
1 TL Garam Masala
grober Pfeffer aus der Mühle
1 Zitrone

Zubereitungszeit: 25 Minuten
+ 25 Minuten Kartoffelgaren
Kalorien pro Portion: 210 kcal

1_Die Kartoffeln unter fließend kaltem Wasser kräftig abbürsten, dann in einen Topf mit Wasser geben, sodass sie eben bedeckt sind. Salzen und zum Kochen bringen, bei mittlerer Hitze zugedeckt in 20–25 Minuten gar kochen. Die Kartoffeln abgießen und ausdampfen lassen.

2_Die Kartoffeln pellen und in mundgerechte Stücke schneiden. Die Zwiebeln schälen, halbieren und längs in feine Streifen schneiden.

3_Das Ghee in einer beschichteten Pfanne heiß werden lassen. Die Zwiebeln und das Lorbeerblatt dazugeben und bei mittlerer Hitze goldbraun anbraten. Die Kartoffelstücke in die Pfanne geben und Gewürze darüberstreuen. Salzen und pfeffern und richtig gut umrühren, damit sich Gewürze und Zwiebeln gleichmäßig verteilen. Die Kartoffeln bei mittlerer bis starker Hitze in 6–8 Minuten knusprig-braun braten.

4_Die Zitrone vierteln und zusammen mit den Kartoffeln servieren. So kann sich jeder nach Lust und Laune Saft darüberpressen.

TIPP

Wem ein Spiegelei zu den Bratkartoffeln zu banal ist, der backt sich ein Masala-Omelett (Seite 50) dazu oder brät sich ein paar Lammkoteletts (siehe Seite 111). Gemeinsam mit einem bunten Blattsalat – einfach ein Gedicht!

Dal mit Blumenkohl

Macht richtig schön satt

Zutaten für 4 Personen:
150 g halbierte, geschälte Mungbohnen (Moong Dal)
3 EL Kokosraspel | 300 g Blumenkohl
Salz | etwa 1/2 TL Kurkumapulver
2–3 grüne Chilischoten
1 Lorbeerblatt | 3 EL Ghee
1/2 TL Kreuzkümmelsamen
1/2 TL braune Senfkörner
10 Curryblätter | 3 Msp. Asafoetida
1 TL getrocknete Bockshornkleeblätter
2 EL gehacktes Koriandergrün

Zubereitungszeit: 1 Stunde
+ 1 Stunde Einweichen
Kalorien pro Portion: 290 kcal

1_Bohnen in einer Schüssel mit kaltem
Wasser bedecken, 1 Stunde quellen lassen.
Die Kokosraspel mit knapp 100 ml heißem
Wasser übergießen und quellen lassen.

2_Blumenkohl waschen, äußere Blätter
wegschneiden, Kohl putzen und in Röschen brechen, Strunk in Stücke schneiden.
Kohl in einen kleinen Topf mit gerade so

viel Wasser geben, dass er eben bedeckt
ist. Salzen und knapp 1/4 TL Kurkuma
unterrühren. Zum Kochen bringen, dann
zugedeckt etwa 10 Minuten bei mittlerer
Hitze kochen, bis der Blumenkohl gar, aber
noch fest ist. Im Sieb abtropfen lassen.

3_Die Bohnen in ein Sieb gießen, kalt abbrausen und mit 300 ml Wasser in einen
Topf füllen. Chilischoten waschen, entstielen, fein hacken und mit Lorbeerblatt,
übrigem Kurkuma und den eingeweichten
Kokosraspeln dazugeben. Aufkochen, salzen und bei kleiner Hitze zugedeckt etwa
30 Minuten köcheln lassen, bis die
Bohnen gut weich sind.

4_Das Ghee in einer beschichteten Pfanne
erhitzen. Darin Kreuzkümmel, Senfkörner,
Curryblätter und Asafoetida bei mittlerer
Hitze braten, bis es zu knistern beginnt.
Dann gut abgetropften Blumenkohl untermischen. Unter Rühren etwa 5 Minuten
braten, bis der Kohl leicht gebräunt ist.
Alles zu den Bohnen geben und gut verrühren. Bockshornkleeblätter zwischen den
Fingern fein zerreiben und unterrühren,
eventuell noch mal mit Salz abschmecken.
Das Dal zugedeckt bei kleiner Hitze etwa
5 Minuten ziehen lassen. Mit Koriandergrün bestreut servieren.

Dal mit Spinat

Bohnen mit jeder Menge Grünfutter

Zutaten für 4–6 Personen:
250 g halbierte, geschälte Mungbohnen (Moong Dal)
1/4 TL Kurkumapulver
Salz
250 g Spinat
2–3 Knoblauchzehen
1 Stück frischer Ingwer (etwa 4 cm)
4 EL Ghee
3–4 getrocknete Chilischoten
1/2 TL Kreuzkümmelsamen
1/2 TL braune Senfkörner
8 Curryblätter
2–3 EL Zitronen- oder Limettensaft

Zubereitungszeit: 50 Minuten
Kalorien pro Portion (bei 6 Personen):
215 kcal

1_Bohnen mit 600 ml Wasser in einen
Topf geben und bei starker Hitze aufkochen lassen. Den Schaum, der sich bildet, mit einem Löffel abschöpfen,
dann auf mittlere Hitze runterstellen.
Kurkumapulver und Salz einrühren und

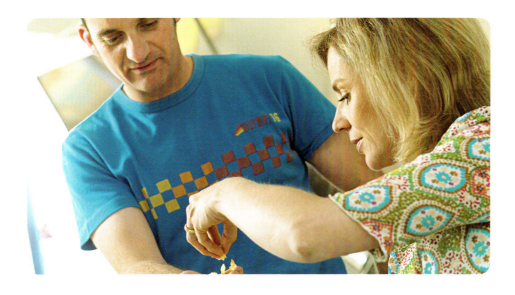

die Bohnen zugedeckt 30–40 Minuten kochen, bis sie weich und breiig sind und sich mit einem Kochlöffel am Topfrand leicht zerdrücken lassen.

2_Während die Bohnen kochen, welke und gelbe Blätter vom Spinat aussortieren. Den Spinat in reichlich Wasser im Spülbecken waschen, anschließend in einem Sieb gut abtropfen lassen. Knoblauch und Ingwer schälen und möglichst fein hacken.

3_Das Ghee in einem großen Topf bei mittlerer Hitze heiß werden lassen. Chilischoten, Kreuzkümmel, Senfkörner und Curryblätter darin unter Rühren anrösten.

4_Knoblauch und Ingwer kurz mitrösten, dann den Spinat dazugeben und alles miteinander mischen. Den Spinat nur rasch zusammenfallen lassen, dann die Bohnen dazugießen und alles gut verrühren. Mit Zitronen- oder Limettensaft und Salz abschmecken und noch gute 5 Minuten bei kleiner Hitze zugedeckt garen lassen. Reis und ein Gemüsegericht nach Gusto schon mal auf den Tisch stellen und dann das Dal schnell servieren.

Dal mit Mango

Schön fruchtig-säuerlich

Zutaten für 4 Personen:
150 g halbierte, gelbe Linsen (Toovar Dal; heißen auch Pigeonpeas)
1 Prise Kurkumapulver
Salz
1/2–1 TL Chilipulver
1 große, feste, möglichst unreife Mango (die also schön säuerlich ist)
2 EL Ghee
2 EL Panch Phoran
1 Prise Asafoetida
1 EL brauner Zucker
3 EL gehacktes Koriandergrün

Zubereitungszeit: 15 Minuten
+ 2 Stunden Einweichen
+ 1 Stunde Kochen
Kalorien pro Portion: 240 kcal

1_Die Linsen in einer Schüssel mit kaltem Wasser bedecken und etwa 2 Stunden einweichen.

2_Dann die Linsen in einem Sieb unter kaltem Wasser abbrausen. Mit 450 ml Wasser und Kurkuma in einen Topf geben. Einmal aufkochen, den Deckel drauflegen

und bei kleiner Hitze in etwa 1 Stunde gar und breiig kochen. Mit Salz und Chili würzen, dann die Linsen mit einem Holzkochlöffel am Topfrand leicht zermusen.

3_Die Mango waschen und die Schale mit dem Sparschäler abschälen. Anschließend das Fruchtfleisch ebenfalls mit dem Sparschäler in kurzen Spänen bis auf den Kern abhobeln.

4_Ghee in einem kleinen Pfännchen bei mittlerer Hitze schmelzen lassen. Panch Phoran und Asafoetida hineinrühren und unter Rühren braten, bis es knistert. Dann unter die Linsen rühren. Mangospäne und Zucker ebenfalls untermischen und alles noch mal 5 Minuten leicht köcheln lassen. Jetzt noch das Koriandergrün unter die Linsen heben – fertig!

TIPP

Grüne, unreife, säuerliche Mangos kriegt man ab und zu im Asia-Laden. Mit festen »normalen« Mangos aus dem Supermarkt geht's aber auch – Hauptsache, sie sind leicht säuerlich. Und sollte Säure fehlen, einfach zusätzlich etwas getrocknetes Mangopulver (Amchoor) einrühren – das wird nämlich aus grünen Mangos gemacht.

Schwarze Butterlinsen

Schmecken aufgewärmt noch mal so gut

Zutaten für 4–6 Personen:
150 g ganze, schwarze Linsen (Urad Dal)
1 Stück frischer Ingwer (etwa 5 cm)
2 Knoblauchzehen
1/2 TL Chilipulver
400 g passierte Tomaten (aus dem Tetrapack) | 2–3 EL Butter | 80 g Sahne
1 EL getrocknete Bockshornkleeblätter
1 1/2 TL Garam Masala | Salz

Zubereitungszeit: 15 Minuten
+ 6 Stunden Einweichen
+ 2–2 1/2 Stunden Garen
Kalorien pro Portion (bei 6 Personen): 175 kcal

1_Die Linsen in einer Schüssel mit reichlich kaltem Wasser mindestens 6 Stunden (besser über Nacht) einweichen.

2_Dann die Linsen in einem Sieb gut kalt abbrausen (das Wasser sollte kaum mehr dunkel gefärbt sein). Ingwer und Knoblauch schälen und möglichst fein hacken. Beides mit Linsen, Chilipulver und 450 ml

Wasser in einen großen Topf geben. Alles kurz aufkochen, dann 25–30 Minuten bei kleiner bis mittlerer Hitze zugedeckt köcheln lassen, bis die Linsen langsam weich werden und aufzuplatzen beginnen.

3_Linsen in ein Sieb abgießen, dabei das Kochwasser auffangen. Dann die Linsen wieder zurück in den Topf schütten und Tomatenpüree, Butter und Sahne unterrühren und mit Bockshornkleeblättern, Garam Masala und Salz würzen.

4_Den Deckel auflegen und die Linsen bei kleiner Hitze 1 1/2–2 Stunden ganz sanft köcheln lassen. Immer mal wieder nachschauen und umrühren. Sollte zu viel Flüssigkeit verkochen, etwas vom Linsenkochwasser angießen. Am Ende sollten die Linsen dicksämig und die Sauce schön dunkelrot sein. Besonders gut schmecken sie mit Pooris (Seite 120).

TIPP
Als deftige Krönung passen dazu Röstzwiebeln. Hierfür 2 Zwiebeln schälen, in dünne Streifen oder Ringe schneiden und in 2–3 EL Ghee kross und dunkelbraun braten. Sofort auf die Linsen geben.

Süßsaure Kichererbsen

Hier mal aus der Dose

Zutaten für 4–6 Personen:
2 Dosen Kichererbsen (je 240 g Abtropfgewicht)
2 EL Tamarindenmark
2 Zwiebeln
2 Knoblauchzehen
1 Stück frischer Ingwer (etwa 4 cm)
1 grüne Chilischote
4 EL Sonnenblumenöl
2 EL gemahlener Koriander
2 EL gemahlener Kreuzkümmel
300 g stückige Tomaten (aus der Dose)
1–2 EL brauner Zucker
Salz
3 EL gehacktes Koriandergrün
1/2–1 TL Chaat Masala

Zubereitungszeit: 45 Minuten
Kalorien pro Portion (bei 6 Personen): 230 kcal

1_Kichererbsen in ein Sieb schütten und gut mit kaltem Wasser überbrausen, dann abtropfen lassen. Das Tamarindenmark mit 100 ml kochend heißem Wasser übergießen und 15 Minuten ziehen lassen.

2_Inzwischen die Zwiebeln schälen und möglichst fein würfeln. Knoblauch schälen und durch die Presse drücken. Den Ingwer schälen und fein reiben. Die Chilischote waschen, entstielen und fein hacken.

3_Öl im Wok erhitzen, darin die Zwiebeln unter Rühren hellbraun anbraten. Knoblauch, Ingwer und Chilischote dazugeben und 2 Minuten mitbraten. Koriander und Kreuzkümmel darüberstreuen, umrühren. Dann die Tomaten untermischen.

4_Das Tamarindenmark mit dem Löffel durch ein feines Sieb direkt in den Wok zu den Tomaten streichen. Mit Zucker und Salz würzen und offen bei großer Hitze in 10–15 Minuten stark einkochen lassen, dabei immer wieder umrühren.

5_Die Kichererbsen unter die Tomaten rühren und bei kleiner Hitze noch etwa 5 Minuten ziehen lassen. Das Koriandergrün mit dem Chaat Masala unter die Kichererbsen rühren und sofort servieren – am besten mit den knusprigen Parathas (Seite 118) oder Naan (Seite 120).

Kidneybohnen in roter Sauce

Die Alternative zu Chili ohne Carne

Zutaten für 4 Personen:
1 Dose Kidneybohnen (etwa 480 g Abtropfgewicht)
1 Zwiebel │ 2 Knoblauchzehen
1 Stück frischer Ingwer (etwa 5 cm)
2 EL Erdnussöl │ 1 Lorbeerblatt
1 Stück Zimtrinde (5–7 cm)
1 braune Kardamomkapsel
2–3 getrocknete Chilischoten
1/2 TL Kurkumapulver
1 TL gemahlener Kreuzkümmel
3/4 TL gemahlener Koriander
3/4 TL Garam Masala
250 g passierte Tomaten (aus dem Tetrapack)
Salz │ 1 EL Butter
3 EL gehacktes Koriandergrün

Zubereitungszeit: 35 Minuten
Kalorien pro Portion: 205 kcal

1_Bohnen in ein Sieb abgießen, kalt überbrausen und abtropfen lassen. Zwiebel schälen und fein würfeln. Knoblauch und Ingwer schälen und fein hacken.

2_Das Öl in einem Topf oder im Wok heiß werden lassen. Lorbeerblatt, Zimtrinde, Kardamomkapsel und Chilischoten hineingeben und gut 5 Minuten bei mittlerer Hitze anrösten, bis das Lorbeerblatt gebräunt ist und die Chilischoten sich dunkelrot aufblähen.

3_Jetzt Zwiebel, Ingwer und Knoblauch dazugeben und hellbraun anbraten. Die gemahlenen Gewürze darüberstreuen, alles gut verrühren, dann die Tomaten untermischen, salzen. Offen bei starker Hitze etwa 5 Minuten kochen, bis die Flüssigkeit verdunstet und die Sauce dick eingekocht ist, dabei immer rühren.

4_Die Bohnen mit etwa 1/4 l Wasser dazugeben und zugedeckt 10 Minuten bei kleiner Hitze köcheln lassen, damit die Bohnen das Aroma der Sauce annehmen können. Dann Butter einrühren und alles noch mal offen bei mittlerer bis starker Hitze etwa 5 Minuten einkochen. Die Sauce sollte nicht mehr flüssig sein, sondern dick an den Bohnen haften. Üppig mit Koriandergrün bestreuen. Mit einem indischen Brot nach Wahl (Seite 118–121) oder auch mal mit ofenfrischem, türkischen Fladenbrot essen.

im Bild: Tarka-Dal

Basic:

Gewürze sind richtig kleine Aromatresore. Und indische Köche verstehen sie meisterhaft zu knacken. Ihr Trick: langsames, ge duldiges Aromarösten.

Fett nimmt ja bekanntlich (Duft-)Aromen an und verstärkt sie zusätzlich. Wenn man nun also ganze Gewürze in Öl oder Ghee schön langsam röstet, geben sie jede Menge Geschmack ab, der dann dem ganzen Gericht zugutekommt.

»Bagar« oder »Tarka« heißt die tolle Methode, Gewürze ganz gemächlich zu rösten. Bei nicht allzu großer Hitze und mit etwas Aufmerksamkeit, was sich so in Topf oder Pfanne tut. Vor allem Ohren und Augen sind gefragt: Sobald Senfsamen oder Kreuzkümmel schön knistern und sich der Bockshornkleesamen rötlich-braun verfärbt, heißt es ab ins Gericht. Eine sensible Nase kann auch mithelfen: Solange alles aromatisch duftet – wunderbar. Wenn's dann aber brenzlig riecht, ist es meist schon zu spät. Also unbedingt den richtigen Zeitpunkt abpassen!

Und dann gibt's zwei Möglichkeiten: Die Gewürze werden samt dem Fett richtig heiß in das fertige Gericht gerührt (super bei vielen Dals, die man vorher oft ganz figurfreundlich ohne Fett gekocht hat). Oder die übrigen Zutaten kommen zu den angerösteten Gewürzen wie etwa bei den Pulaos (Seite 137) oder dem Kohl (Seite 77), der so sein besonderes Aroma erhält.

Aromarösten

Tarka-Dal

Klassisch, einfach, gut

Zutaten für 4 Personen:
200 g halbierte, geschälte Mungbohnen
(Moong Dal) | 1 Stück frischer Ingwer
(etwa 2 cm) | 1/4 TL Kurkumapulver
Salz | 3 EL Ghee | 1 TL Kreuzkümmel-
samen | 1–2 getrocknete Chilischoten
1 Lorbeerblatt | 1 Stück Zimtstange
gehacktes Koriandergrün zum Bestreuen
(wer mag)

Zubereitungszeit: 20 Minuten
+ 1 Stunde Einweichen + 1 Stunde Garen
Kalorien pro Portion: 245 kcal

1_Die Bohnen in reichlich kaltem Wasser
1 Stunde einweichen, dann abgießen.

2_Ingwer schälen, fein hacken und mit
Bohnen, Kurkuma und gut 1 l Wasser in
einem Topf zum Kochen bringen. Einmal
aufkochen, dann zugedeckt bei kleiner
Hitze etwa 1 Stunde köcheln lassen, bis
die Bohnen weich sind und sich leicht
am Topfrand zerdrücken lassen, salzen.

3_In einem Pfännchen Ghee bei mittlerer
Hitze schmelzen lassen. Kreuzkümmel,
Chilis, Lorbeerblatt und Zimt ins Fett
geben und langsam darin rösten, bis die
Kreuzkümmelsamen knistern, die Chilischoten sich aufblähen und das Lorbeerblatt bräunt (dabei immer mal wieder
umrühren). Jetzt unter das Dal mischen
und noch mal 5 Minuten ziehen lassen.
Wer will, streut Koriandergrün darüber.

Kokos-Zwiebel-Dal

Kokosmild und sämig

Zutaten für 4 Personen:
1 große Tomate | 2 grüne Chilischoten
150 g rote Linsen (Masoor Dal)
150 ml Kokosmilch | 2 Msp. Kurkuma-
pulver | 1/4 TL gemahlener Koriander
1/4 TL gemahlener Kreuzkümmel
1 große Zwiebel | 2–3 EL Ghee oder
Kokosöl | 1/2 TL Kreuzkümmelsamen
1/2 TL braune Senfkörner | 12 Curry-
blätter | Salz | 1–2 EL Zitronensaft

Zubereitungszeit: 40 Minuten
Kalorien pro Portion: 240 kcal

1_Tomate waschen und klein würfeln,
dabei Stielansatz wegschneiden. Chilis
waschen, entstielen, fein hacken. Beides
mit Linsen und 300 ml Wasser im Topf aufkochen. Hitze sofort reduzieren, Kokosmilch und die gemahlenen Gewürze unterrühren. Linsen in 20–25 Minuten zugedeckt bei kleiner Hitze breiig köcheln.

2_Zwiebel schälen und in dünne Streifen
schneiden. Ghee oder Öl im Pfännchen
heiß werden lassen, Kreuzkümmel und
Senfkörner zugeben und rühren, bis es
leicht knistert. Dann Zwiebel und Curryblätter dazugeben und unter Rühren bei
mittlerer Hitze braten, bis die Zwiebeln
gebräunt und leicht knusprig sind. Alles
unter die Linsen mischen und noch mal
5 Minuten bei kleiner Hitze ziehen lassen.
Mit Salz und Zitronensaft abschmecken.

Gebratener Kohl

Prima Beilage

Zutaten für 4 Personen:
700 g Weißkohl | 2 Tomaten
1 Stück frischer Ingwer (etwa 3 cm)
1 Knoblauchzehe | 4 EL Ghee
2 getrocknete Chilischoten | 2 Lorbeer-
blätter | 1/2 TL Kreuzkümmelsamen
1/2 TL Kurkumapulver
1 TL gemahlener Koriander | Salz

Zubereitungszeit: 30 Minuten
+ 25–30 Minuten Garen
Kalorien pro Portion: 130 kcal

1_Kohl putzen, vierteln und den Strunk
rausschneiden. Die Kohlviertel in dünne
Streifen schneiden. Die Tomaten waschen
und klein würfeln, dabei die Stielansätze
wegschneiden. Den Ingwer und Knoblauch schälen und fein hacken.

2_Ghee in einer hohen Pfanne oder im
Wok heiß werden lassen. Chilischoten,
Lorbeerblätter und Kreuzkümmelsamen
darin bei kleiner Hitze 10 Minuten rösten.
Dann auf mittlere bis starke Hitze erhöhen,
den Ingwer und Knoblauch einrühren und
1 Minute mitbraten. Kohl schnell untermischen und 3–5 Minuten anbraten.
Gemahlene Gewürze und Tomaten untermischen, salzen. Einen Deckel drauflegen
und alles bei kleiner Hitze 25–30 Minuten
garen, bis der Kohl weich und trocken ist.
Dabei öfters nachprüfen, dass nichts anbrennt, bei Bedarf 1–2 EL Wasser zugeben.

Fisch

Wer einmal in Indien ein richtig frisches Fischkotelett mit würziger Joghurt-sauce gegessen hat, fragt sich, warum dieses Land nicht auch für seine Fisch-küche berühmt ist. Das liegt einmal daran, dass der vom Meer umgebene und von Flüssen durchzogene Subkontinent ganz eigene Fischarten hat, auf die die Rezepte abgestimmt sind. Zum anderen ist da die Konkurrenz der Fleisch- und Gemüseküche Indiens. In diesem Kapitel aber stehen Fisch und Meeres-früchte nun ganz oben auf der Speisekarte – mit authentischen Rezepten, abgestimmt auf alles, was schwimmt und bei uns zu haben ist. Willkommen also zu Scholle in Bockshornkleesauce, Goa-Garnelen und Lachs-Tandoori.

Essen & leben

Der Inder, das geheimnisvolle Wesen: Als Gastgeber kann er großzügig und bescheiden sein – als Gast pingelig und stolz, wenn man
sich nicht an ein paar Regeln hält.

Der Brahmane und die milchkochende Kuh

Stellen wir uns mal vor, ein wahrer Brahmane nimmt an unserem Tisch Platz. Es ist zwar
wenig wahrscheinlich, dass ein Mitglied der obersten indischen Priesterkaste zu uns ins
Haus kommt, aber das gibt ein schönes Beispiel für das Zusammenspiel von Religion und
Alltag bei den Essritualen Indiens. Denn der Brahmane wird ziemlich sicher keinen Bissen
anrühren – er isst bloß, was Mitglieder seiner Kaste oder gar nur Angehörige seiner Familie
zubereitet haben. Menschen also, die im Zweifel rein sind und auch niemals ein Essen
während des Kochens probieren würden, schon gar nicht mit der linken Hand.

Es kann aber sein, dass der Brahmane ein Glas Milch trinkt oder Joghurt löffelt. Denn Kuh-
milch ist stets rein; wegen der Heiligkeit des Tiers, und weil so ein Lebewesen als »Durch-
lauferhitzer« gilt, frische Milch also immer »gekocht« ist. Und Gekochtes ist allezeit reiner
als Rohes, außer eben, es wird mit Milchprodukten zubereitet wie Raita (Seite 124, 127).
Das aus der Milch gewonnene Butterfett Ghee gilt gar als Universalreinemacher.

Aus diesem Grund bekommt man in Indien so wenig Rohkost und so vieles zu essen, das
über eine lange Zeit weich gekocht wurde. Aber da gibt es auch einen ganz alltäglichen
Hintergrund – Kochen tötet Bakterien. Wer in Indien schon mal einen Apfel gegessen hat,
der mit schmutzigem Wasser gewaschen war, weiß wovon die Rede ist.

Sag mal, Küchenguru ...

... muss das so scharf sein?

Aber ja! Scharfes ist für uns gesund.
Was erst mal nichts mit Ayurveda zu
tun hat, sondern mit dem Wetter hier:
vorwiegend heiß und feucht, ideal für
alles, was krank macht und sich ver-
mehren will. Das tut es besonders
gerne im Essen, wo es auch heiß und
feucht ist. Die Schärfe ist da unser
natürliches Gegenmittel, denn sie
wirkt gegen Bakterien in Essen (so
halten Chutneys ewig) und Magen:
Scharfes regt seine Säfte an, was
die Verdauung erleichtert und den
Mikroben ordentlich Feuer macht.

Deswegen rate ich zu den Scharf-
machern Piperin (steckt im aus Indien
stammenden Pfeffer) und Capsaicin
(in Chilis, die aus Amerikas Tropen
zu uns kamen), um die Bakterien
zu scheuchen. Was aber nicht heißt:
»Hauptsache scharf!« Denn dafür ist
Indiens Küche zu gut und gesund.
Wird es trotzdem zu feurig, helfen
Milch, Joghurt oder Kokosmilch, deren
Eiweiß und Fett die Schärfe mildern.
Und Brotkauen nützt ebenso, da es
die Zunge unempfindlicher macht.

Ist fast indisch!

Gibt es Forellen in Indien? Das ist erst einmal egal bei diesem inspirierten Gericht. Sicher ist, dass die Fische aus den vielen Flüssen und Seen dort sehr beliebt sind, sie gelten in manchen Gegenden sogar als das einzig Wahre und Gute, Meeresfische dagegen eher als fad. Die deutschsprachigen Gourmets sehen das ähnlich. Daher dieses deutsch-indische Rezept.

Forelle Inderin

Wir brauchen: 4 Forellen (so frisch wie möglich, schon im Laden ausgenommen und an den Flossen gestutzt), dazu 100 g Mehl, 2 EL gemahlene Kurkuma, 1 EL gemahlener Kreuzkümmel, 1 EL gemahlener Ingwer, 1/4 TL Chilipulver und 2 TL Salz sowie 40 g Butterschmalz, 50 g Butter, 1 TL Kardamomsamen (ohne Hülse).

Die Forellen werden unter kaltem Wasser innen und außen behutsam abgespült und dann mit Küchenpapier trockengetupft. Das Mehl mit den Gewürzen außer dem Salz mischen und diese Mischung auf einem großen Teller verteilen.

In zwei Pfannen Schmalz erhitzen. Forellen rundum salzen und in dem Würzmehl wenden, dann ins heiße Fett legen. Die Fische knapp bei Mittelhitze auf einer Seite in 4–5 Minuten goldgelb und knusprig braten, wenden und in weiteren 3–4 Minuten fertig braten. Die Forellen warm stellen, Fett abgießen. Butter in der Pfanne aufschäumen, darin die Kardamomsamen 1 Minute erhitzen und mit Forellen servieren.

Essen & verstehen: »Bitte«

Ist nicht indisch: Sauce au Currie

Denn die hat mit dem, was ein indisches »Kari« zusammenhält, so wenig zu tun wie Tomaten-ketchup mit einem Sugo.

Als Frankreichs Großköche vor mehr als 100 Jahren das Currypulver entdeckten, waren sie schon fasziniert. Aber von Indiens Küche wussten sie nichts und von englischen Köchen wollten sie nichts wissen. Also nahmen sie, was sie kannten: Mehlschwitze, Brühe sowie Sahne und kochten daraus eine Velouté mit Curry, deren Exotik höchstens noch in einem Apfel im Ansatz bestand. Was allerdings immer noch besser als Curryketchup war.

Obwohl der Handschlag mit der Rechten in Indien längst üblich ist, wird die traditionelle Begrüßung geschätzt: Hände auf die Brust oder unterm Kinn aneinander legen, Kopf neigen und: »Namasté« (ich verbeuge mich vor dir). Schüttelt das Gegenüber beim Smalltalk stets mit dem Kopf, ist das gut – man versteht mich. Kurzes, starkes Kopfschütteln aber heißt: nein. Doch das ist selten in Indien. Viele gestellte Fragen und ständige Berührungen gehören zum Kennenlernen – nur nicht zwischen Mann und Frau. Ein Essen abzulehnen, gilt als unhöflich, Verweise auf Allergie oder Religion werden aber ohne Fragen akzeptiert. Und während der Anfang eines Essens großzügig ausgelegt wird, geht es danach zügig zur Sache – und bald wieder weg vom Tisch.

Fisch mit Tomatensauce

Hier macht's die Sauce

Zutaten für 4 Personen:
1 Zwiebel | 2 Knoblauchzehen
1 Stück frischer Ingwer (etwa 3 cm)
1 grüne Chilischote
5 EL Erdnussöl
3 grüne Kardamomkapseln
1 Dose stückige Tomaten (400 g Inhalt)
Salz | Pfeffer aus der Mühle
1/2 TL brauner Zucker
750 g dicke, festfleischige Fischfilets
(z.B. Schwertfisch, Thunfisch oder
aber Seelachs)
2 EL Zitronensaft
1/4 TL Kurkumapulver
1/2 TL braune Senfkörner
10 Curryblätter

Zubereitungszeit: 55 Minuten
Kalorien pro Portion: 315 kcal

1_Die Zwiebel schälen und möglichst klein würfeln. Knoblauch schälen und durch die Presse drücken. Ingwer schälen und fein reiben oder hacken. Chilischote waschen, entstielen und möglichst fein hacken.

2_In einem Topf 2 EL Öl erhitzen. Kardamom im Mörser anquetschen und mit der Zwiebel bei mittlerer Hitze möglichst langsam hellbraun anbraten. Dann Knoblauch, Ingwer und Chili dazugeben, 2 Minuten unter Rühren mitbraten. Tomatenstücke in den Topf füllen, gut umrühren, salzen und pfeffern. Offen 25–30 Minuten bei kleiner Hitze einkochen lassen, dabei immer mal wieder umrühren und zum Schluss mit dem Zucker abschmecken.

3_Inzwischen den Fisch trockentupfen und in 4 cm breite Streifen schneiden. Mit Zitronensaft beträufeln und rundherum mit dem Kurkumapulver gut einreiben. Zugedeckt ziehen lassen, bis die Sauce fast fertig ist.

4_In einer großen, beschichteten Pfanne das übrige Öl bei mittlerer bis starker Hitze heiß werden lassen. Die Senfkörner und Curryblätter ins Öl streuen und mit einem Holzlöffel rühren, bis sie knistern.

5_Fisch leicht salzen, in die Pfanne legen und pro Seite knapp 2 Minuten braten, herausheben. Curryblätter und Senfsamen unter die dick eingekochte Tomatensauce rühren. Fisch auf die Sauce legen und in

5 Minuten im geschlossenen Topf bei mittlerer Hitze gar ziehen lassen. Sofort mit Reis oder Naan (Seite 120) servieren.

VARIANTE: Fisch mit cremiger Tomatensauce

Fisch und Tomaten passen einfach prima zueinander. Stimmt, und daher gibt es hier zum südindischen Rezept gleich noch eine Variante aus dem Norden das Landes – aber bitte mit Sahne!
Erst mal wie links beschrieben starten: Die gleiche Menge Zwiebel, Knoblauch, Ingwer, Öl, Kardamon und Tomaten vor- und zubereiten, allerdings wird mit 1/4 TL Chilipulver, 1/2 TL gemahlenem Kreuzkümmel und 1 TL Garam Masala gewürzt. Und dann: Nach etwa der Hälfte der Garzeit 150 g Sahne zur Tomatensauce geben und schön sämig einkochen lassen. Jetzt noch etwa 800 g Fischfilet (z.B. Seelachs oder Rotbarsch) in etwa 4 cm breite Streifen schneiden, nur ganz kurz in 2 EL Zitronensaft marinieren, leicht salzen, pfeffern und in die Sauce legen. Zugedeckt bei kleiner Hitze in 8–10 Minuten gar ziehen lassen. Mit frisch gehacktem Koriandergrün bestreuen.

Garnelen-Curry

Zum Reinlegen gut

Zutaten für 4 Personen:
450 g tiefgekühlte Garnelen (bereits geschält)
1 EL Tamarindenmark
2 Zwiebeln
2 Knoblauchzehen
1 Stück frischer Ingwer (etwa 5 cm)
2 EL Erdnussöl
200 g stückige Tomaten (aus der Dose)
1/2 TL Chilipulver
1/2 TL Kurkumapulver
1 TL gemahlener Koriander
1 EL Kokosöl (oder noch mal Erdnussöl)
1/2 TL braune Senfkörner
20 Curryblätter
Salz
150 ml Kokosmilch

Zubereitungszeit: 35 Minuten
Kalorien pro Portion: 270 kcal

1_Die Garnelen aus der Packung nehmen und in ein Sieb zum Auftauen legen. Das Tamarindenmark in ein Schälchen geben, mit 100 ml kochend heißem Wasser übergießen und 15 Minuten stehen lassen.

2_In der Zwischenzeit Zwiebeln schälen und in Streifen schneiden. Den Knoblauch schälen und fein hacken. Ingwer schälen und reiben oder winzig klein würfeln. Das Erdnussöl in einer kleinen Pfanne heiß werden lassen und die Zwiebeln bei geringer Hitze darin goldgelb anbraten. Knoblauch dazugeben und 1–2 Minuten unter Rühren mitbraten, dann die Pfanne vom Herd nehmen.

3_Die Zwiebeln und Tomaten mit dem Pürierstab oder in der Küchenmaschine fein pürieren, dann die gemahlenen Gewürze unterrühren.

4_Kokosöl in einer hohen, beschichteten Pfanne oder im Wok bei mittlerer Hitze heiß werden lassen. Senfkörner und Curryblätter reinstreuen und braten, bis sie knistern. Dann den Ingwer einrühren und kurz mitbraten.

5_Danach sofort die Zwiebel-Tomaten-Masse und ein paar Löffel Wasser dazugeben. Die Sauce offen bei mittlerer Hitze 5–10 Minuten einkochen lassen und anschließend salzen.

6_Kokosmilch in die eingekochte Sauce rühren und das Tamarindenmark durch ein feines Sieb direkt dazustreichen. 1 Minute köcheln lassen, dann die auf- oder angetauten Garnelen hineinlegen und Sauce darüberlöffeln. Einen Deckel auflegen und die Garnelen bei kleiner Hitze in 12–15 Minuten mehr gar ziehen als kochen lassen. Vor dem Servieren noch mal mit Salz abschmecken.

Masala
Superzart und blitzschnell
gerührt

Zutaten für 2–3 Personen:
1 EL Tamarindenmark
200 g Kalmare (küchenfertig geputzte
Tintenfischtuben ohne Fangarme)
1 große Zwiebel
2 Knoblauchzehen
3 EL Sonnenblumenöl
10 Curryblätter
3/4 TL gemahlener Koriander
1/2–3/4 TL Chilipulver
1/4 TL Kurkumapulver
Salz
2–3 EL gehacktes Koriandergrün

Zubereitungszeit: 25 Minuten
+ 1 Stunde Marinieren
Kalorien pro Portion (bei 2 Personen):
290 kcal

1_Tamarindenmark mit wenig kochend
heißem Wasser überbrühen, mit einer
Gabel zerdrücken und 15 Minuten quellen
lassen. Inzwischen die Kalmare waschen,
trockentupfen und in ganz schmale Ringe
schneiden. Die Zwiebel schälen und in
dünne Streifen schneiden. Knoblauch
schälen und fein hacken.

2_In einem Pfännchen 1 EL Öl erhitzen,
darin die Zwiebel bei mittlerer Hitze hell
bräunen. Knoblauch und Curryblätter
dazugeben und alles zusammen langsam
weiterbraten, bis die Zwiebel schön
gebräunt ist. Vom Herd nehmen.

3_Das Tamarindenmark durch ein feines
Sieb zur Zwiebelmasse streichen und alles
mit dem Pürierstab oder in der Küchenmaschine fein pürieren. Die gemahlenen
Gewürze unterrühren und das Püree mit
den Tintenfischringen mischen. Zugedeckt
1 Stunde marinieren.

4_Übriges Öl im Wok richtig heiß werden lassen. Die Tintenfische samt Marinade hineingeben und sofort kräftig rühren. Jetzt 3–5 Minuten weiterrühren, bis die Tintenfische gar sind und ein Teil der Flüssigkeit verdampft ist. Salzen, vom Herd nehmen und das Koriandergrün unterrühren. Sofort mit normalem Reis oder Zitronenreis (Seite 134) servieren.

TIPP
Und so wird eine feine Vorspeise daraus: Einen festen Blattsalat (etwa Römersalat oder Rucola) mit wenig Salz, Pfeffer, Essig und Öl anmachen, auf Teller verteilen und die Tintenfische lauwarm daraufgeben.

Goa-Garnelen
Edel, aber mit Chili-Pep

Zutaten für 3–4 Personen:
2 Zwiebeln
4 Knoblauchzehen
1 Stück frischer Ingwer (etwa 5 cm)
3/4–1 TL Chilipulver
1/3 TL Kurkumapulver
1–2 Prisen gemahlener Zimt
1–2 Prisen gemahlene Nelken
2 1/2 EL Weißweinessig
Salz
12 große, rohe Garnelen mit Schale (etwa 450 g)
6 EL Erdnussöl

Zubereitungszeit: 25 Minuten
Kalorien pro Portion (bei 4 Personen): 275 kcal

1_Die Zwiebeln schälen und grob zerschneiden, anschließend mit dem Pürierstab, im Mörser oder in der Küchenmaschine fein pürieren. Den Knoblauch schälen und durch die Presse in ein Schälchen drücken. Den Ingwer schälen, reiben und zum Knoblauch geben. Die gemahlenen Gewürze und den Essig ebenfalls dazugeben. Eventuell gerade noch so viel Wasser untermischen, dass eine nicht zu flüssige Paste entsteht. Mit Salz abschmecken.

2_Den Kopf von den Garnelen abbrechen, den Panzer am Rücken aufschneiden und ablösen, dabei den Schwanz dranlassen. Den Rücken längs mit einem scharfen Messer einschneiden und den schwarzen Darm entfernen. Garnelen anschließend kalt abspülen und trockentupfen.

3_In einem Wok 3 EL Öl erhitzen und das Zwiebelpüree hineingeben. Unter gelegentlichem Rühren bei mittlerer Hitze so lange braten, bis das Zwiebelpüree hell bräunt. Gewürzpaste unterrühren und weitere 5 Minuten braten, bis alles Wasser verdampft ist.

4_Übriges Öl zur Zwiebel-Gewürzpasten-Mischung geben und heiß werden lassen. Jetzt Garnelen reinlegen. Sofort gut umrühren, damit sich die würzige Mischung gut auf den Garnelen verteilt. Dann unter Rühren 2–3 Minuten bei mittlerer Hitze braten, bis die Garnelen rot und schön von einer hell gebräunten Würzhülle umgeben sind. Sofort heiß servieren!

Fisch in Joghurtsauce

Bengalischer Klassiker

Zutaten für 4 Personen:
800 g Fischkoteletts (je etwa 2 cm dick, z.B. Karpfen oder Lachs; Fischfilets von Seelachs, Rotbarsch oder Waller sind aber auch fein)
2 EL Rosinen
4 große Zwiebeln
1 Stück frischer Ingwer (etwa 4 cm)
2 Knoblauchzehen
1/2 TL Chilipulver
1/2 TL Kurkumapulver
2 TL Garam Masala
250 g Joghurt
2 EL Erdnussöl
2 Lorbeerblätter
Salz
1–2 TL brauner Zucker

Zubereitungszeit: 40 Minuten
Kalorien pro Portion: 385 kcal

1_Fischkoteletts kurz waschen, trockentupfen und beiseitelegen. Die Rosinen in einem Schälchen mit heißem Wasser übergießen, damit sie aufquellen.

2_Die Zwiebeln schälen, die Hälfte davon fein würfeln, die andere Hälfte grob zerschneiden. Den Ingwer und Knoblauch schälen und grob hacken. Beides mit den grob zerschnittenen Zwiebeln, gemahlenen Gewürzen und 2–3 EL Joghurt mit dem Pürierstab oder in der Küchenmaschine fein pürieren, anschließend den restlichen Joghurt untermischen.

3_Öl in einer hohen Pfanne heiß werden lassen. Die Lorbeerblätter reingeben und rösten, bis sie leicht braun werden. Feine Zwiebelwürfel dazugeben, bei mittlerer Hitze goldbraun braten. Die Joghurtmischung einrühren und bei starker Hitze unter Rühren 5–7 Minuten kochen lassen, bis die Flüssigkeit fast verdunstet ist, die Sauce dick wird und sich dunkel färbt.

4_Rosinen in ein Sieb gießen, abtropfen lassen und mit 1/4 l Wasser zur Sauce geben. Unter kräftigem Rühren 3 Minuten einköcheln lassen. Mit Salz und Zucker würzen, Fisch einlegen und Sauce über die Koteletts löffeln. Einen Deckel auf die Pfanne legen und die Fischkoteletts bei kleiner Hitze in 8–10 Minuten gar ziehen lassen. Sofort mit Reis servieren.

Fischfilets in grüner Sauce

Fein, leicht und kräuterfrisch

Zutaten für 4 Personen:
800 g Seelachs- oder Rotbarschfilet
Saft von 1 Limette
1/4 TL Kurkumapulver
1 Handvoll junger Spinat
1 großes Bund Koriandergrün (100 g)
5 Stängel asiatische Minze (keine Pfefferminze!)
1 große Zwiebel | 2 Knoblauchzehen
1 Stück frischer Ingwer (etwa 3 cm)
2 grüne Chilischoten | 2 EL Erdnussöl
1/2 TL Kreuzkümmelsamen
1 TL gemahlener Koriander
3/4 TL Garam Masala
100 ml Kokosmilch | Salz
Pfeffer aus der Mühle | 1 Prise Zucker

Zubereitungszeit: 1 1/4 Stunden
Kalorien pro Portion: 340 kcal

1_Die Fischfilets trockentupfen, falls nötig, noch Gräten rauszupfen, Fisch in etwa 3 cm breite Streifen schneiden. Die Hälfte des Limettensafts mit Kurkumapulver und dem Fisch mischen. Zugedeckt beiseitestellen.

2_Spinat verlesen, putzen und waschen. In einen Topf geben und bei großer Hitze zusammenfallen lassen, vom Herd nehmen und abkühlen lassen. Koriandergrün und Minze waschen, trockenschütteln und mit den Stängeln grob zerschneiden. Mit dem Spinat und 100–150 ml Wasser mit dem Pürierstab fein pürieren.

3_Zwiebel, Knoblauch und Ingwer schälen, Chilis waschen und entstielen, alles grob zerschneiden. Mit dem Pürierstab mit 4–6 EL Wassern möglichst fein pürieren.

4_Öl in einer großen Pfanne oder im Wok erhitzen. Darin Kreuzkümmel anrösten, bis er knistert. Zwiebelpüree dazugeben und etwa 10–15 Minuten bei mittlerer Hitze braten, dabei ab und an rühren. Gemahlenen Koriander, Garam Masala und Kokosmilch untermischen, weitere 10 Minuten offen köcheln. Das Korianderpüree zugeben, 5 Minuten weiterkochen. Mit Salz, Pfeffer, Zucker und übrigem Limettensaft abschmecken.

5_Fischstreifen einlegen und die Sauce drüberlöffeln, damit der Fisch gut bedeckt ist. Einen Deckel auflegen und den Fisch in 12–15 Minuten bei kleiner Hitze gar ziehen lassen.

Fischfilets in Bockshornklee-sauce

Leicht und aromatisch

Zutaten für 4 Personen:
8 Schollenfilets (ingesamt etwa 600 g; auch fein: Seezungen- oder dünne Zanderfilets)
Salz | 2 Zwiebeln
1 Stück frischer Ingwer (etwa 4 cm)
2 EL Sonnenblumenöl
1/2 TL Bockshornkleesamen
200 g Joghurt
2 TL gemahlener Koriander
1 TL gemahlener Kreuzkümmel
1/2 TL Kurkumapulver
1/2 TL Chilipulver
1 EL getrocknete Bockshornkleeblätter

Zubereitungszeit: 40 Minuten
Kalorien pro Portion: 235 kcal

1_Die Fischfilets trockentupfen und mit etwas Salz bestreuen. Die Zwiebeln und den Ingwer schälen, grob zerschneiden und mit dem Pürierstab, in der Küchenmaschine oder im Mörser so fein wie möglich pürieren.

2_Öl bei mittlerer Hitze in einer Pfanne heiß werden lassen und die Bockshornkleesamen reinstreuen. Die Samen im Öl rösten, bis sie rötlich-dunkelbraun sind. Dann die Samen mit einem Holzlöffel aus der Pfanne fischen und wegwerfen.

3_Die Hitze runterschalten. Das Zwiebelpüree in die Pfanne geben und unter Rühren 5–10 Minuten braten. Joghurt, alle gemahlenen Gewürze und fein zerriebene Bockshornkleeblätter untermischen. Ein paar Löffel Wasser dazugeben, gut verrühren, etwa 5 Minuten köcheln lassen.

4_Jedes Fischfilet mit einer Hälfte in die Sauce legen, etwas Sauce darüberlöffeln, dann die andere Hälfte darüberklappen und ebenfalls Sauce drüberlöffeln. Einen Deckel auf die Pfanne legen und die Fischfilets bei kleinster Hitze in 5–7 Minuten gar ziehen lassen.

TIPP

Bockshornkleesamen werden leicht bitter, wenn sie zu lange gebraten werden. Hier aber aromatisieren sie lediglich das Öl und kommen dann aus der Pfanne (siehe auch Stichwort »Aromarösten«, Seite 76).

Fisch im Päckchen

Gut eingepackt – bringt doppeltes Aroma

Zutaten für 4 Personen:
150 g Schalotten
1 Stück frischer Ingwer (etwa 4 cm)
3 Knoblauchzehen
2 große Tomaten
3 EL Kokosöl (gibt extra Aroma,
ansonsten Sonnenblumenöl nehmen)
1/2 TL braune Senfkörner
8 Curryblätter
1/2–3/4 TL Chilipulver
2 EL Weißweinessig
Salz
4 dicke Scheiben Schwertfisch (je etwa
200 g, Thunfisch schmeckt auch lecker)
Pfeffer aus der Mühle
4 Bögen Pergamentpapier

Zubereitungszeit: 20 Minuten
+ 30–35 Minuten Garen
Kalorien pro Portion: 555 kcal

Basic-TIPP

Der Päckchenfisch lässt sich übrigens auch hervorragend dämpfen. Dazu eine große, hohe Pfanne etwa 2–3 cm hoch mit Wasser füllen. In die Pfanne einen Dämpfeinsatz stellen oder – wer keinen hat – ein kleines Schälchen, auf das man einen Teller setzt. Jetzt müssen die Päckchen nur noch auf Einsatz oder Teller platziert und die Pfanne mit dem Deckel verschlossen werden. Bei mittlerer Hitze etwa 25–30 Minuten dämpfen, bis der Fisch gar ist.

1_Die Schalotten schälen, halbieren und längs in schmale Streifen schneiden. Den Ingwer und Knoblauch schälen. Ingwer reiben oder ganz fein hacken, Knoblauch durch die Presse drücken. Die Tomaten waschen und in kleine Würfel schneiden, dabei die Stielansätze rausschneiden und den Saft auffangen.

2_In einer beschichteten Pfanne 2 EL Kokosöl bei mittlerer Hitze heiß werden lassen. Die Schalotten, Senfkörner und Curryblätter dazugeben und langsam leicht braun andünsten. Dann den Ingwer und Knoblauch unterrühren und solange weiterbraten, bis die Zwiebeln goldbraun sind. Die Hitze erhöhen und die Tomaten samt Chilipulver in die Pfanne geben. Jetzt fleißig bei großer Hitze etwa 3 Minuten rühren, damit möglichst viel Flüssigkeit verdampft. Mit Essig und Salz würzen, noch mal kurz durchrühren und vom Herd nehmen.

3_Den Backofen auf 200 Grad vorheizen. Die Papierbögen auf der Arbeitsfläche ausbreiten und mit dem übrigen Öl bepinseln. Die Fischstücke trockentupfen, auf beiden Seiten leicht salzen und pfeffern und jeweils in die Mitte eines Pergamentbogens setzen. Die Tomaten-Schalotten-Masse gleichmäßig auf dem Fisch verteilen und ganz leicht andrücken.

4_Das Pergamentpapier über den Fisch schlagen und die Enden so zusammenfalten, dass ein geschlossenes Päckchen entsteht. Bei Bedarf noch mit Küchengarn umwickeln. Die Päckchen auf ein Backblech setzen und den Fisch im Ofen (Mitte, Umluft 180 Grad) 30–35 Minuten garen. Am besten im Päckchen servieren, das dann jeder selbst öffnen kann.

Scharfer Ofenfisch

Geniales Gästeessen

Zutaten für 4 Personen:
2 EL Tamarindenmark
3 Knoblauchzehen
1 Stück frischer Ingwer (etwa 5 cm)
1 TL brauner Zucker
6 EL Weißweinessig
1–1 1/2 TL Chilipulver
1/2 TL Kurkumapulver
1/2 TL gemahlener Kreuzkümmel
2 küchenfertige, große, möglichst flache
Fische (je 750 g, z. B. Brassen oder
Felsenbarsche)
Salz | Öl zum Einfetten

Zubereitungszeit: 25 Minuten
+ 20–25 Minuten Garen
Kalorien pro Portion: 275 kcal

1_Tamarindenmark in einer Schüssel mit
knapp 100 ml kochend heißem Wasser
übergießen, 15 Minuten quellen lassen.
Inzwischen den Knoblauch und Ingwer
schälen, Knoblauch durch die Presse in
ein Schälchen drücken, Ingwer reiben
und dazugeben. Mit Zucker, Essig und
den Gewürzen zur Marinade verrühren.

2_Die Fische innen und außen waschen,
trockentupfen. Mit einem scharfen, langen
Messer vom Rücken her an den Gräten
entlang eine große Tasche einschneiden
(siehe Seite 21). Den Fisch wenden und
auf der anderen Seite ebenfalls eine
Tasche einschneiden.

3_Den Backofen auf 220 Grad (Umluft
200 Grad) vorheizen. Tamarindenmark
durch ein feines Sieb streichen und unter
die Marinade rühren, mit Salz würzen.
Etwas von der Marinade in den Bauch-
höhlen der Fische verteilen, den Rest
großzügig in den eingeschnittenen
Taschen und den Rest auf der Haut verstreichen. Außen auf der Haut nochmals
ganz leicht salzen.

4_Ein Backblech mit Öl einfetten, die
Fische nebeneinander darauflegen. Im
Ofen (Mitte) 20–25 Minuten garen.
Herausnehmen und möglichst heiß mit
Koriander-Minze-Chutney (Seite 126),
Salat und Brot servieren.

TIPP

Wer will, kann den Fisch im Sommer auch
auf dem Holzkohlengrill zubereiten.

Koriander-Makrelen vom Grill

Super Sommeressen

Zutaten für 4 Personen:
4 küchenfertige Makrelen (je etwa 300 g)
1 großes Bund Koriandergrün (100 g)
1 Knoblauchzehe
1 Stück frischer Ingwer (etwa 2 cm)
1 Bio-Limette
3 EL Olivenöl (das ist zwar nicht indisch,
hier aber lecker) + Öl für den Grillrost
1/2 TL Chilipulver
1/2 TL gemahlener Kreuzkümmel
1/2 TL edelsüßes Paprikapulver
1 Msp. Kurkumapulver
Salz

Zubereitungszeit: 20 Minuten
+ 2 Stunden Marinieren
+ 25–30 Minuten Grillen
Kalorien pro Portion: 520 kcal

1_Makrelen innen und außen waschen
und trockentupfen. Die Haut auf beiden
Seiten mehrmals schräg mit kleinen
Schnitten nicht zu tief einschneiden.

2_Das Koriandergrün waschen, trocken-schütteln und mit den Stängeln grob zerschneiden (sehr dicke Stängel wegwerfen). Knoblauch und Ingwer schälen und fein hacken. Die Limette heiß waschen und die Schale fein abreiben, Saft auspressen. Saft und Schale mit dem Koriandergrün, Ingwer, Knoblauch und 2 EL Öl mit dem Pürierstab fein pürieren, anschließend die Gewürze gut unterrühren.

3_Die Fische innen und außen mit dieser Marinade einpinseln, dabei darauf achten, dass die Einschnitte genügend davon abbekommen. Zugedeckt mindestens für 2 Stunden in den Kühlschrank stellen.

4_Den Backofen- oder Holzkohlengrill anheizen. Die Fische aus dem Kühlschrank nehmen, innen und außen salzen. Fische für den Holzkohlengrill in eingeölte Grillkörbe packen, für den Ofen auf den geölten Backofengrillrost legen.

5_Fische über der heißen Glut (10–15 cm Abstand) oder unterm Backofengrill (oben, gleich ein Backblech mit unter den Rost schieben, es tropft!) etwa 25–30 Minuten grillen, dabei zwischendurch wenden und mit übrigem Öl bepinseln. Wenn die Fische schön gebräunt sind, sofort servieren.

Muscheln in Kokossauce

Unbedingt an Brot für die Sauce denken!

Zutaten für 2 Personen
(für 4 als Vorspeise):
2 Zwiebeln | 4 Knoblauchzehen
1 Stück frischer Ingwer (etwa 6 cm)
2 grüne Chilischoten | 2 EL Erdnussöl
1/2 TL Kurkumapulver
2 TL gemahlener Kreuzkümmel
400 ml Kokosmilch | Salz | Zucker
1 kg Miesmuscheln
2 EL gehacktes Koriandergrün

Zubereitungszeit: 35 Minuten
Kalorien pro Portion (bei 2 Personen):
205 kcal

1_Zwiebeln schälen und grob schneiden, anschließend mit dem Pürierstab oder im Mörser pürieren. Knoblauch schälen und durch die Presse drücken. Den Ingwer schälen und ganz fein hacken. Die Chilis waschen, entstielen und ganz fein hacken.

2_Öl in einem großen Topf bei mittlerer Hitze heiß werden lassen. Zwiebelpüree dazugeben und unter Rühren so lange braten, bis es leicht bräunt. Den Knoblauch, Ingwer und die Chilis unterrühren und 2 Minuten weiterbraten. Kurkuma und Kreuzkümmel darüberstreuen und kurz weiterbraten, dann die Kokosmilch dazugießen und unterrühren. Kräftig mit Salz und mit wenig Zucker abschmecken, 5 Minuten offen köcheln lassen.

3_Inzwischen die Muscheln in kaltem Wasser gründlich waschen, dabei alle offenen Muscheln wegwerfen. Muscheln in die Kokossauce geben und geschlossen bei mittlerer Hitze 7–10 Minuten kochen, dabei zwei- bis dreimal kräftig am Topf rütteln oder die Muscheln umrühren. Zum Schluss Koriandergrün unter die fertigen Muscheln rühren. Mit Reis oder frischem Weißbrot servieren. Vorsicht beim Essen: Muscheln, die noch zu sind, wegwerfen!

VARIANTEN

In dieser Sauce schwimmen Garnelen oder Fischfiletstücke fast genauso gut. Dann aber die Sauce bei großer Hitze offen auf gut zwei Drittel einkochen lassen. Danach die Hitze reduzieren und 600 g küchenfertige, rohe Garnelen oder Fischfiletstücke in etwa 5 Minuten zugedeckt darin gar ziehen lassen.

Basic:

Rote Hähnchen – das fällt uns bei »Tandoor« als Erstes ein. Dabei wird vieles mehr – auch Fisch – in dem indischen Wunderofen richtig lecker. Und was hier wirklich zählt, ist nicht die starke Farbe, sondern die Zauber-Würz-Marinaden.

So ein Tandoor-Ofen ist eigentlich nicht viel mehr als eine Tonne aus gebranntem Lehm, auf deren Boden ein Holzfeuer lodert. In ihr speichert sich dann rundum wohlige Wärme. Spieße mit Fleisch und Fisch, die in den Tandoor gehängt werden, oder Brotfladen, die man an seine Wände pappt, garen darin in null Komma nichts und schonend ohne auszutrocknen.

Den tollen Holzkohlengrilleffekt kriegen wir in unseren Öfen zwar nicht hin, aber mit den richtigen Marinaden und kurzen Garzeiten bekommt vor allem im Ofen gegrillter Fisch den ultimativen Tandoori-Touch. Für zarten Fisch (oder auch Hähnchen wie auf Seite 46) gibt's schützende Hüllen aus Joghurt. Sie speichern viel Aroma, halten saftig und leiten ganz nebenbei dezent ihre Würze an den Fisch weiter. Direkter und intensiver sind Würzpasten, die man wie beim Masala-Ofen-Fisch direkt auf den Fisch pinselt. Immer wichtig:
Butter oder etwas Öl auf den Fisch geben. So wird er auf keinen Fall trocken und bräunt richtig schön.

im Bild: Masala-Ofen-Fisch

Tandoor-Ofen-Grillen

Masala-Ofen-Fisch

Fast wie aus dem Tandoor

Zutaten für 4 Personen:
1 Stück frischer Ingwer (etwa 3 cm)
3 Knoblauchzehen | 1 TL Garam Masala
1/2 TL gemahlener Koriander
je 1/4 TL Kurkuma- und Chilipulver
1 TL Senfpulver (oder 1 1/2 TL im Mörser
zerriebene, braune Senfkörner)
1 EL Zitronensaft | 4 Scheiben Fischfilet
(je 200 g, z. B. Thunfisch, Lachs, Schwert-
fisch) | Salz | Pfeffer aus der Mühle
2 EL kalte Butter | Öl zum Einfetten

Zubereitungszeit: 35 Minuten
Kalorien pro Portion: 510 kcal

1_Ingwer und Knoblauch schälen und
ganz fein hacken. Beides mit Gewürzen
und Zitronensaft verrühren. Die Fischfilets
trockentupfen, mit Würzpaste bepinseln
und 15 Minuten durchziehen lassen.

2_Inzwischen den Backofengrill vorheizen.
Ein Backblech mit Öl bepinseln, die Filets
darauflegen, salzen und pfeffern. Butter
in möglichst dünne Flöckchen schneiden
und auf dem Fisch verteilen. Das Blech in
den Ofen (oben) schieben und die Filets
10–15 Minuten grillen.

TIPP
Für den Holzkohlengrill hat es sich gut be-
währt, die Würzpaste mit der Butter zu verkneten und auf dem Fisch zu verstreichen.

Fisch-Tikka

Einfach, saftig, lecker

Zutaten für 4 Personen:
700 g Fischfilet (möglichst gleichmäßig
dicke Stücke, z. B. Lachs, Schwertfisch,
Rotbarsch oder Seelachs) | 2 Zwiebeln
1 Knoblauchzehe | 2 EL Ghee | je 1 TL
Chilipulver und gemahlener Koriander
je 1/2 TL gemahlener Kreuzkümmel und
Kurkumapulver | 2 1/2 EL Joghurt
Salz | 1–2 EL kalte Butter

Zubereitungszeit: 30 Minuten
Kalorien pro Portion: 445 kcal

1_Fischfilet trockentupfen und in große
Stücke schneiden. Zwiebeln und Knoblauch schälen und grob würfeln. Das Ghee
in einem Pfännchen heiß werden lassen
und die Zwiebeln darin bei mittlerer Hitze
goldbraun braten. Knoblauch dazugeben
und kurz mitbraten. Vom Herd nehmen
und etwas abkühlen lassen.

2_Den Backofengrill vorheizen. Zwiebeln
fein pürieren und anschließend gut mit
den Gewürzen und dem Joghurt verrühren
und kräftig mit Salz abschmecken. Die
Fischstücke rundum in der Joghurtpaste
wenden. Fisch in eine hitzebeständige
Form legen, in den Ofen (oben) schieben
und etwa 5 Minuten grillen. Den Ofen kurz
aufmachen und die in dünne Flöckchen
geschnittene Butter auf dem Fischfilet verteilen. Dann weitere 10 Minuten grillen,
bis die Fischstücke hell gebräunt sind.

Lachs mit Joghurthaube

So bleibt er saftig und zitrusfein

Zutaten für 4 Personen:
4 dicke Stücke Lachsfilet ohne Haut
(je 180 g) | 1 Bio-Limette | 2 Knob-
lauchzehen | 1/2 TL Ajowan | 1/4 TL
Chilipulver | 1/2 TL Garam Masala
7 EL Joghurt | 1 1/2 EL Kichererbsen-
mehl | 1 EL gehacktes Koriandergrün
Salz | Pfeffer aus der Mühle
2 EL kalte Butter | Öl zum Einfetten

Zubereitungszeit: 25 Minuten
+ 1 Stunde Marinieren
Kalorien pro Portion: 445 kcal

1_Ein Backblech mit Öl einpinseln. Fischstücke trockentupfen und mit Abstand
aufs Blech legen. Limette heiß waschen
und die Schale abreiben, Saft auspressen.
Knoblauch schälen und durchpressen.
Ajowan im Mörser zerstoßen. Alles mit
Chilipulver, Garam Masala, Joghurt, Mehl
und Koriandergrün verrühren, salzen,
pfeffern. Joghurt gleichmäßig auf dem
Fisch verteilen, 1 Stunde kühl stellen.

2_Den Backofengrill vorheizen. Das Backblech mit dem Lachs in den Ofen (oben)
schieben und etwa 5 Minuten grillen.
Dann den Ofen kurz öffnen und die in
dünne Flöckchen geschnittene Butter
zügig auf dem Fisch verteilen. Das Blech
wieder reinschieben und den Fisch noch
gut 5 Minuten grillen, bis die Joghurt-
haube leicht gebräunt ist.

Fleisch

Mehr als 90 Prozent der Inder gelten als Vegetarier – und trotzdem fällt dem Rest der Welt mit 90-prozentiger Wahrscheinlichkeit etwas mit Fleisch ein, wenn nach berühmten indischen Gerichten gefragt wird. Tikka und Tandoori, Korma und Vindaloo lauten die Adelstitel, die in der Indien-Küche erst mal an das Huhn, das Lamm, das Schwein und teilweise sogar auch die Kuh (nur Hindus essen nichts von ihr) verliehen werden. All diese Klassiker finden wir in diesem Kapitel. Aber dann sind da noch eine Reihe nicht ganz so bekannte, aber ebenso gute Argumente fürs Fleisch nach indischer Art: Pickles-Lamm-fleisch, Rogan Ghost oder Jalfraizi zum Beispiel. Was das ist? Bitte umblättern.

Essen & leben

Was die Religionen betrifft, ist Indien ein wahres Curry – eine feine Mischung aus eigenen und fremden Einflüssen, die sich jeder nach seinem Bedarf zusammenstellen kann. Neben den Hindus prägen Moslems, Christen und Buddhisten das Leben und Essen im Land, was sich gut am Umgang mit der Zwiebel in der Küche zeigen lässt.

Der Mogul und die Doppelzwiebel

»Do Piaza« klingt für viele Indien-Fans wie ein Zauberspruch, der ein Stück Fleisch (gerne vom Huhn) in eine Köstlichkeit von magischem Aroma verwandelt. Das Geheimnis liegt in der zweifachen Verwendung von Zwiebeln (»Do Piaza« wird mit »Doppelzwiebel« übersetzt) – ein Teil wird püriert, um darin das Fleisch mit Gewürzen gar zu schmoren, bis zum Schluss noch Zwiebelringe kurz mitgedünstet werden. Das Ergebnis ist ein zartes und aromatisches Ragout mit der Süße von geschmorten und dem Biss von fast frischen Zwiebeln.

So weit, so herrlich. Doch wie passt die Popularität dieses Gerichtes dazu, dass Zwiebel wie Knoblauch bei Hindus als niedere, also unreine Gewächse gelten, die im Essen geil, aggressiv oder niederträchtig machen? Der Sage nach wurde die Speise in Hyderabad erfunden, wo der Norden und der Süden des Landes sowie die Kultur der Hindus und Moslems ineinander übergehen. Ein Nachfahre der Mogulnherrscher bzw. dessen Koch (manche nennen ihn Mullah Do Piaza) gilt als dessen Erfinder. Und sein Werk hat vielen Hindus so geschmeckt, dass sie das Zwiebeltabu ignoriert haben. Aber es geht auch umgekehrt: Als die Portugiesen nach Goa kamen, förderten sie dort den Genuss von Schweinefleisch – heute ist das damit zubereitete Vindaloo eines der berühmtesten Gerichte in Indien.

Sag mal, Küchenguru …

… wie heilig ist die Kuh wirklich?

Naja, auf die Knie und in Trance fällt keiner, der hier einer Kuh begegnet. Das Straßenleben ist kompliziert genug, auch dank der Kuh. Bei den Hindus – und das sind mehr als 90 % der Inder – gilt sie als »Mutter allen Lebens«. Zum einen, weil der Gott Krishna im Schutz einer Kuhherde gelebt haben soll, zum anderen, weil die Kuh für das Leben der Menschen so wichtig ist. Da ist die Milch: pur im Tee, vergoren im Joghurt, gebuttert und geklärt im Ghee, geronnen im Paneer-Käse, als Eiweißspender für Vegetarier; dann der Mist zum Bauen, Heizen und Düngen; und die Arbeitskraft der Kuh, die auch als »Packesel« und »Zugpferd« genutzt wird.

Zum Dank kann die Kuh bei uns tun was sie will: ihren Weg gehen, ohne dass sie dabei jemand groß behindert. Womit Schlachten und Essen natürlich wegfällt. Weswegen ältere Kühe oft ausgesetzt werden und durch die Straßen streunen, weil sie sich um Kost und Logis selbst kümmern müssen – bei aller Verehrung.

Ist fast indisch!

Lammcurry und Tandoori-Huhn sind Standards, wenn man über indische Küche spricht, und das mit dem Rindfleisch haben wir nebenan zu gut 90 % geklärt. Aber was ist mit Schweinefleisch? Das berühmteste Gericht damit ist wohl das »Vindaloo«, von Portugiesen auf Goa eingeführt und inzwischen auch mit Lamm und Geflügel zubereitet. Daher hier ein indisch inspiriertes Schweinenackensteak.

Indisches Pfeffersteak

Wir brauchen: 2 EL bunte Pfefferkörner, je 1 EL Fenchel- und Koriandersamen, 4 Knoblauchzehen, 1/2 Bio-Zitrone, 1 EL scharfen Senf, 4 dicke Schweinenackensteaks (je 200 g) und 4 EL Öl.

Die Pfefferkörner, Fenchel- und Koriandersamen im Mörser grob zerstoßen. Den Knoblauch schälen, halbieren, vom Keim befreien und grob hacken, dann noch kurz mit den Gewürzen mörsern. Die Zitrone heiß waschen und die Schale fein abreiben, den Saft auspressen. Beides mit den Gewürzen samt Knoblauch und dem Senf verrühren. Die Steaks damit einreiben und 4 Stunden im Kühlschrank ziehen lassen.

In einer großen Pfanne knapp unter Mittelhitze das Öl erhitzen. Die Steaks abtropfen lassen und in die Pfanne legen. Auf jeder Seite in 4–5 Minuten langsam durchbraten und noch 5 Minuten zwischen zwei Tellern oder in Folie ruhen lassen. Salzen und servieren.

Essen & verstehen: Fleisch

Ist nicht indisch: Chicken Tikka Masala

Englands heimliches Nationalgericht, entstanden weit weg von seinen Ursprüngen.

Ähnlich wie für uns der Döner, den so im Orient keiner kennt, ist »CTM« der Kompromiss zwischen indischer Küche und britischem Geschmack. Denn der möchte zum Fleisch Sauce, weswegen irgendwann Stücke vom Tandoori-Huhn (Chicken Tikka) ihren Weg in eine Mischung (Masala) aus Tomaten, Gewürzen und Sahne fand. Das schmeckte den Insulanern so gut, dass es inzwischen CTM-Sandwiches, -Pizza oder -Burger gibt. Fehlt nur noch der Döner.

Gegen unliebsame Überraschungen im Restaurant helfen bereits ein paar Brocken Speisekartenhindi.

Die Grundvokabeln lauten »Murgh« für Huhn und »Ghost« für Fleisch, im Regelfall Lamm, da Schwein und Rind tabu sind. Wer ein Tandoor-Gericht sucht, bestellt wahlweise »Tikka« (Stückchen), »Pasanda« (Streifen) oder einfach »Kebab«, was für Gegrilltes vom Spieß, auch Hack steht. Buletten-Fans werden unter »Keema« (Hackfleisch) fündig, wobei Hackbällchen »Kofta« heißen. Saucengerichte werden zumeist »Curry« (siehe auch Seite 18) genannt, jene mit nussigen Cremesaucen heißen »Korma«. Weitere Angaben wie »Badam(i)« (Mandel), »Malai« (Sahne) oder »Palak« (Spinat) verraten, was sonst noch in der Sauce steckt. Wo Fantasienamen wie »Madras« locken, ist Scharfes zu erwarten, hinter »Muglai« verbirgt sich dagegen üppig Mildes.

Ananas-Puten-Curry

... und das Currypulver bleibt im Schrank!

Zutaten für 4 Personen:
2 EL Cashewnusskerne
1/2 aromatisch reife Ananas (etwa 500 g)
600 g Putenbrustfilet (am Stück)
2 Zwiebeln | 1 Knoblauchzehe
1 Stück frischer Ingwer (etwa 4 cm)
3 EL Erdnussöl
4 grüne Kardamomkapseln
5 Nelken
1/4 TL Kurkumapulver
1/2–1 TL Chilipulver | Salz
2–3 EL gehacktes Koriandergrün

Zubereitungszeit: 40 Minuten
+ 30 Minuten Garen
Kalorien pro Portion: 325 kcal

1_Die Cashewnüsse mahlen und mit so viel heißem Wasser übergießen, dass sie gerade bedeckt sind. Die Ananashälfte längs vierteln, von Strunk und Schale befreien. Die Hälfte des Ananasfleischs klein schneiden und fein pürieren. Den Rest in mundgerechte Stücke schneiden.

2_Das Putenfleisch in etwa 4 cm große Würfel schneiden. Zwiebeln, Knoblauch und Ingwer schälen, grob hacken und mit dem Pürierstab, im Mörser oder in der Küchenmaschine pürieren.

3_Das Öl in einem Topf erhitzen. Den Kardamom anquetschen und samt den Nelken ins Öl geben, bei mittlerer Hitze 2 Minuten braten. Das Zwiebelpüree dazugeben und so lange braten, bis es hell bräunt, dabei immer wieder rühren. Das Fleisch, Kurkuma- und Chilipulver dazugeben, salzen und unter Rühren etwa 3 Minuten braten, bis alle Flüssigkeit verdampft ist. Gerade so viel Wasser dazugießen, dass das Fleisch knapp bedeckt ist (etwa 1/4 l). Deckel auflegen und alles etwa 15 Minuten bei kleiner Hitze garen.

4_Deckel abnehmen, die Cashewnussmasse samt dem Wasser, gut die Hälfte des Ananaspürees und die Ananasstücke untermischen, offen weitere 15 Minuten garen, bis die Sauce sämig eingekocht ist. Kurz vor Garzeitende das restliche Ananaspuree unterrühren und das Curry mit Salz abschmecken. Jetzt nur noch ganz kurz weitergaren, dann sofort mit Koriandergrün bestreuen und servieren.

TIPP

Die Sauce wird weniger fruchtig, dafür schön cremig und süßlich mild, wenn man gleich das ganze Ananaspüree und die Stücke zugibt und später kurz vor Garzeitende 100 g Sahne und 1/4 TL Garam Masala in die Sauce einrührt.

VARIANTE: Hähnchen-Curry mit Ananas

Genauso einfach, aber mit anderen Gewürzen ist dieses Geflügel-Curry von der Malabarküste: Dafür wie im Rezept links eine Zwiebel-Knoblauch-Ingwer-Paste und Cashewnusspaste zubereiten und 300 g Ananasfleisch pürieren. Die Zwiebelpaste mit 2–3 klein gehackten, grünen Chilischoten im Öl andünsten. 800 g Hähnchenbrustfilet (Putenbrust geht aber auch) in 4 cm große Stücke schneiden, dazugeben und mitanbraten, dann 1/4 l Hühnerbrühe zugießen. Mit Salz und Pfeffer würzen und das Curry zugedeckt 20 Minuten bei mittlerer Hitze garen. Dann Cashew- und Ananaspaste unterrühren und alles weitere 10 Minuten garen. Kurz vor Garzeitende mit 1–2 Msp. gemahlenem Zimt abschmecken. Zum Servieren mit gehacktem Koriandergrün bestreuen.

Madras-Curry

Egal ob mit Rind, Lamm oder
Huhn – einfach scharf

Zutaten für 4 Personen:
700 g Lamm- oder Rindfleisch (am
besten Lammkeule oder Rinderhüfte)
4 EL Joghurt
2 TL gemahlener Koriander
1 TL Kurkumapulver
3/4–1 TL Chilipulver
5 EL Kokosraspel
2 Tomaten
2 Knoblauchzehen
1 Stück frischer Ingwer (etwa 5 cm)
2 Zwiebeln
2 EL Ghee oder Sonnenblumenöl
3 grüne Kardamomkapseln
3 Nelken
1 Zimtstange
1/2 TL Fenchelsamen
Salz
200 ml Kokosmilch

Zubereitungszeit: 35 Minuten
+ 2 Stunden Marinieren
+ etwa 1 3/4 Stunden Garen
Kalorien pro Portion: 935 kcal

1_Das Fleisch etwa 3 cm groß würfeln, dabei eventuell Fett und Sehnen wegschneiden. Joghurt mit den gemahlenen Gewürzen in einer Schüssel verrühren und gut mit dem Fleisch mischen. Zugedeckt mindestens 2 Stunden marinieren. Die Kokosraspel inzwischen mit 1/8 l heißem Wasser übergießen und quellen lassen.

2_Die Tomaten waschen und grob zerschneiden, dabei die Stielansätze wegschneiden. Knoblauch und Ingwer schälen und grob hacken, dann mit den Tomaten mit dem Pürierstab fein pürieren. Die Zwiebeln schälen und fein würfeln.

3_In einem Topf oder kleinen Bräter das Ghee oder Öl bei kleiner Hitze heiß werden lassen. Kardamomkapseln anquetschen und mit Nelken, Zimtstange und den Fenchelsamen im heißen Fett gut 10–15 Minuten anrösten. Zwiebeln dazugeben und bei mittlerer Hitze so lange weiterbraten, bis sie goldgelb gebräunt sind. Jetzt das Fleisch samt der Marinade untermischen und 5 Minuten unter Rühren weiterbraten, dann salzen. Kokosraspel und Tomatenpüree unterrühren. Den Deckel drauf und bei kleiner Hitze etwa 1 Stunde köcheln lassen.

4_Das Curry von Zeit zu Zeit immer mal wieder umrühren und sobald es merklich trockener wird, die Kokosmilch zugießen. Jetzt nochmals gut 30–45 Minuten weitergaren. Am Ende mit Salz abschmecken und dann gleich mit Reis oder Naan-Brot (Seite 120) auf den Tisch bringen.

VARIANTE: Madras-Hähnchen-Curry

Dazu braucht es ein Hähnchen von etwa 1–1,2 kg, das der Metzger möglichst gleich in acht Teile zerlegt. Selber muss man allerdings noch die Haut abziehen (siehe Seite 21) und die Hähnchenteile wie im Rezept angegeben marinieren. Danach nur eingeweichte Kokosraspel und Tomatenpüree mit den Gewürzen zu den angedünsteten Zwiebeln geben. Diese Sauce etwa 15 Minuten bei starker Hitze unter Rühren kochen lassen, bis fast alle Flüssigkeit verdampft ist, und sich das Öl am Rand abzusetzen beginnt. Jetzt erst die Hähnchenteile samt Marinade untermischen und 3 Minuten unter Rühren braten. Dann sofort die Kokosmilch angießen und alles bei schwacher Hitze gut 1 Stunde zugedeckt garen lassen.

Weißes Hühnercurry

Kokosmild und richtig edel

Zutaten für 4 Personen:
4 kleine Zwiebeln │ 3 Knoblauchzehen
1 Stück frischer Ingwer (etwa 3 cm)
3–4 grüne Chilischoten
2 grüne Kardamomkapseln
4 EL Erdnussöl │ 2 EL Cashewnusskerne
1 TL Kreuzkümmelsamen
1 TL Fenchelsamen │ 3 EL Joghurt
1/2 TL gemahlener Koriander
600 g Hähnchenbrustfilet
1 Stück Zimtstange (etwa 5 cm)
3 Nelken │ Salz │ 1/4 l Kokosmilch
Saft von 1 Limette

Zubereitungszeit: 20 Minuten
+ 30 Minuten Marinieren
+ 20 Minuten Garen
Kalorien pro Portion: 415 kcal

1_Zwiebeln schälen und in feine Streifen schneiden. Knoblauch und Ingwer schälen und grob hacken. Chilischoten waschen, entstielen und fein hacken. Kardamomkapseln aufschneiden und die schwarzen Samenkörnchen rauskratzen.

2_Im Wok oder Topf bei mittlerer Hitze 2 EL Öl heiß werden lassen. Die Hälfte der Zwiebeln mit Knoblauch, Ingwer, Chilis, Kardamom, Nüssen, Kreuzkümmel und Fenchel dazugeben und unter Rühren braten, bis die Zwiebeln weich und glasig, aber noch nicht gebräunt sind. Vom Herd nehmen und etwas abkühlen lassen. Mit Joghurt und Koriander mischen, mit dem Pürierstab gut durchmixen.

3_Hähnchenfleisch trockentupfen und quer in 2 cm breite Streifen schneiden. Gut mit der Joghurtmasse mischen, abdecken und 30 Minuten kühl stellen.

4_Das restliche Öl im Wok oder Topf bei mittlerer Hitze heiß werden lassen. Die übrigen Zwiebeln, Zimtstange und Nelken unter Rühren anbraten, bis die Zwiebeln glasig, aber noch nicht gebräunt sind.

5_Das Fleisch samt Marinade dazugeben und 2–3 Minuten anbraten, dabei kräftig rühren. Salzen, Kokosmilch dazugießen, alles gut miteinander verrühren. Deckel drauf und das Ganze bei kleinster Hitze etwa 20 Minuten garen, dabei ab und zu umrühren. Dann kurz vor dem Servieren das Curry ganz nach eigenem Gusto mit Limettensaft abschmecken.

Pfeffer-Huhn

Eher aromatisch als scharf

Zutaten für 4 Personen:
4 Hähnchenkeulen (je etwa 200 g, vom Metzger im Gelenk teilen lassen)
2 Knoblauchzehen
1 Stück frischer Ingwer (etwa 6 cm)
1–1 1/2 TL schwarze Pfefferkörner
1/4 TL Kurkumapulver
3 EL Weißweinessig │ 3 große Zwiebeln
4 EL Erdnussöl │ Salz

Zubereitungszeit: 35 Minuten
+ 3 Stunden Marinieren
+ etwa 1 1/4 Stunden Garen
Kalorien pro Portion: 290 kcal

1_Die Haut von den Hähnchenkeulen abziehen und abschneiden (siehe Seite 21), dann das sichtbare Fett vom Fleisch wegschneiden.

2_Den Knoblauch schälen und durch die Presse drücken. Den Ingwer schälen und möglichst reiben oder ganz fein hacken. Den Pfeffer im Mörser nur grob zerstoßen, dann mit Kurkuma, Essig, Knoblauch und Ingwer in ein Schälchen geben und alles gut zu einer Marinade verrühren.

3_Die Hähnchenteile gründlich mit dieser Marinade einpinseln oder -reiben und in eine Schüssel legen. Zugedeckt 3 Stunden im Kühlschrank marinieren lassen.

4_Zwiebeln schälen und grob zerhacken, anschließend mit dem Pürierstab oder in der Küchenmaschine fein pürieren. Das Öl in einer hohen, beschichteten Pfanne oder im Wok heiß werden lassen. Zwiebel-püree ins Öl geben und ganz langsam bei mittlerer Hitze in 20–25 Minuten goldgelb bräunen, dabei ab und an umrühren.

5_Die Hähnchenteile salzen, dann zu den Zwiebeln geben und gut darin wenden. Hitze stark erhöhen und das Fleisch gut 5 Minuten anbraten, bis alle Flüssigkeit verdunstet ist. Dann etwa 1/4 l Wasser dazugießen und unterrühren. Den Deckel auflegen und alles rund 30 Minuten bei mittlerer Hitze schmoren.

6_Dann den Deckel abnehmen und noch 10–15 Minuten offen einkochen lassen, bis die Sauce die Hähnchenteile nur noch sämig überzieht. Prüfen, ob Salz oder Pfeffer fehlt, dann schnell auf den Tisch!

Huhn in Spinatsauce

Sahnemild mit dem Blubb

Zutaten für 4 Personen:
600 g tiefgekühlter, gehackter Spinat
600 g Hähnchenbrustfilet
2 Knoblauchzehen
1 Stück frischer Ingwer (etwa 5 cm)
2 TL gemahlener Koriander
1 TL gemahlener Kreuzkümmel
1/2 TL Kurkumapulver
1/2 TL Chilipulver │ 4 EL Joghurt
Salz │ Pfeffer aus der Mühle
2 Zwiebeln │ 4 grüne Kardamomkapseln
2 EL Ghee oder Sonnenblumenöl
60 g Sahne │ 1 TL Garam Masala

Zubereitungszeit: 20 Minuten
+ 2 Stunden Marinieren
+ 25 Minuten Garen
Kalorien pro Portion: 315 kcal

1_Den Spinat zum Auftauen in ein Sieb legen. Hähnchenfleisch trockentupfen, von Fett und Sehnen befreien und in etwa 4 cm große Stücke schneiden. Knoblauch und Ingwer schälen und ganz fein hacken. Beides mit gemahlenen Gewürzen (bis auf das Garam Masala) und dem Joghurt in einer Schüssel verrühren, salzen, leicht pfeffern. Hähnchenfleisch damit mischen, die Schüssel zugedeckt für 2 Stunden in den Kühlschrank stellen.

2_Die Zwiebeln schälen und klein würfeln. Die Kardamomkapseln aufschneiden, die schwarzen Samen herauskratzen und im Mörser anquetschen. Das Ghee oder Öl in einem großen Topf erhitzen, Zwiebeln und Kardamom darin goldgelb anbraten. Dann das Fleisch samt Marinade zugeben und etwa 3 Minuten unter Rühren anbraten. Den an- oder aufgetauten Spinat untermischen, salzen und pfeffern, den Deckel auf den Topf legen und alles bei kleiner Hitze etwa 25 Minuten garen.

3_Den Deckel vom Topf nehmen, Sahne reingießen und die Hitze erhöhen. Die Sauce in etwa 5 Minuten unter häufigem Rühren sämig einkochen lassen, Garam Masala untermischen. Abschmecken und sofort mit Reis servieren.

TIPP

Richtig lecker: 3 EL geröstete Mandel-blättchen über das fertige Gericht streuen!
Richtig edel: mit Silberpapier (gibt es im Asia-Laden) belegen.

Kaschmir-Klassiker

So stellt man sich doch ein Curry vor – in gewürzsatter Sauce lange geschmort. Genau das Richtige für Gäste!

Zutaten für 4 Personen:
800 g Lammfleisch (am besten aus der Keule oder Schulter)
4 Knoblauchzehen
1 Stück frischer Ingwer (etwa 5 cm)
7 grüne Kardamomkapseln
2 TL gemahlener Koriander
2 TL gemahlener Kreuzkümmel
1 1/2–2 TL Chilipulver
150 g Joghurt
2 große Zwiebeln
5 EL Ghee
2 Lorbeerblätter
1 Stück Zimtrinde (etwa 8 cm)
8 Nelken
3 braune Kardamomkapseln
Salz │ 1 Msp. Safranfäden

Zubereitungszeit: 25 Minuten
+ 3 Stunden Marinieren
+ 1 3/4–2 Stunden Garen
Kalorien pro Portion: 740 kcal

1_Mit einem scharfen Messer Fett und Sehnen vom Fleisch wegschneiden, anschließend das Fleisch in etwa 5 cm große Würfel schneiden.

2_Den Knoblauch schälen und durch die Presse drücken. Den Ingwer schälen und ganz fein hacken oder reiben. Die grünen Kardamomkapseln aufschneiden und die schwarzen Samen herauskratzen, in dem Mörser anquetschen. Alles mit Koriander-, Kreuzkümmel- und Chilipulver unter den Joghurt mischen. Anschließend in einer Schüssel mit dem Fleisch vermengen, abdecken und 3 Stunden im Kühlschrank marinieren lassen.

3_Die Zwiebeln schälen und grob zerschneiden, dann mit dem Pürierstab oder in der Küchenmaschine möglichst fein pürieren. Das Ghee in einem großen Topf oder Bräter bei mittlerer Hitze schmelzen. Lorbeerblätter, Zimtrinde, Nelken und die braunen Kardamomkapseln darin unter Rühren 2–3 Minuten braten. Zwiebelpüree dazugeben und weitere 5 Minuten braten, bis die Zwiebeln weich, aber noch nicht gebräunt sind.

4_Das Fleisch samt Joghurtmarinade in den Topf geben und die Hitze erhöhen. Jetzt kräftig rühren, damit es nicht ansetzt und gut 2–3 Minuten braten. Salzen und 150 ml Wasser zugießen, umrühren und Deckel drauf. Jetzt bei ganz kleiner Hitze 1 1/2 Stunden sanft schmoren. Immer mal wieder umrühren und nachschauen, ob noch genügend Flüssigkeit drin ist, eventuell noch wenig Wasser nachgießen.

5_Den Safran in 5 EL heißem Wasser etwa 5 Minuten einweichen, dann zum Fleisch geben. Noch mal 15–30 Minuten weiterköcheln lassen, bis das Fleisch schön weich ist. Dabei bei Bedarf gegen Ende den Deckel abnehmen, damit die Sauce richtig sämig einkochen kann.

Lamm mit Cashewnüssen und Rosinen

Nicht nur Futter für Studenten

Zutaten für 4 Personen:
750 g Lammfleisch (am besten aus der Keule oder Schulter)
20 schwarze Pfefferkörner
Salz │ 1/2 TL Kurkumapulver
1/2 TL Chilipulver
1 TL gemahlener Koriander
50 g Joghurt
1 große Zwiebel
2 Knoblauchzehen
1 Stück frischer Ingwer (etwa 4 cm)
4 grüne Kardamomkapseln
2 EL Ghee oder Sonnenblumenöl
3 Nelken │ 4 EL Cashewnusskerne
3 EL Rosinen
200 g passierte Tomaten (aus dem Tetrapack)
1 Msp. Safranfäden
1/4 TL gemahlener Kardamom

Zubereitungszeit: 20 Minuten
+ 3 Stunden Marinieren
+ etwa 1 3/4 Stunden Garen
Kalorien pro Portion: 590 kcal

1_Mit einem scharfen Messer Fett und Sehnen vom Fleisch wegschneiden, anschließend das Fleisch in etwa 5 cm große Würfel schneiden.

2_Die Pfefferkörner im Mörser grob zerstoßen und mit etwa 1/2 TL Salz und den gemahlenen Gewürzen in einer Schüssel unter den Joghurt rühren. Das Fleisch gut damit mischen und die Schüssel für möglichst mindestens 3 Stunden zugedeckt kühl stellen.

3_Die Zwiebel, den Knoblauch und Ingwer schälen. Die Zwiebel und den Knoblauch möglichst fein hacken, den Ingwer reiben oder auch fein hacken.

4_Die Kardamomkapseln aufschneiden und die schwarzen Samen herauskratzen, im Mörser anquetschen. Das Ghee oder Öl in einem großen Topf oder im Bräter heiß werden lassen. Die Zwiebel mit den Kardamomsamen und Nelken darin bei mittlerer Hitze langsam hellbraun braten. Den Ingwer und Knoblauch dazugeben und 2 Minuten unter Rühren mitbraten, dann das Fleisch samt Marinade zugeben.

5_Jetzt alles bei großer Hitze 2–3 Minuten unter Rühren braten. Dann die Hitze reduzieren, Deckel auf den Topf legen und das Fleisch gut 1 1/4 Stunden gemütlich bei kleiner Temperatur garen. Dabei ab und zu mal umrühren und nachschauen, ob noch genug Flüssigkeit drin ist. Eventuell etwas Wasser angießen – die Sauce sollte aber schon ordentlich einkochen.

6_Die Cashewnüsse an der Bruchkante halbieren und mit den Rosinen und dem Tomatenpüree zum Fleisch geben. Jetzt noch mal zugedeckt gute 30 Minuten schmoren, bis die Sauce schön sämig eingekocht ist. Die Safranfäden zwischen den Fingern leicht zerreiben und zum Fleisch geben. Sauce mit Salz und gemahlenem Kardamom abschmecken und weitere 5 Minuten nachziehen lassen.

Pickles-Lammfleisch

Hier macht's das Senföl

Zutaten für 4 Personen:
750 g Lammfleisch (am besten aus
der Keule oder Schulter)
3 Zwiebeln | 5 Knoblauchzehen
1 Stück frischer Ingwer (etwa 4 cm)
4 grüne Chilischoten
4 EL Senföl (siehe TIPP)
5 EL Erdnussöl | 2 EL Panch Phoran
1 Prise Kurkumapulver | Salz
3 EL Joghurt | 100 ml Fleischbrühe
2 EL Zitronensaft

Zubereitungszeit: 20 Minuten
+ 1 1/4 Stunden Garen
Kalorien pro Portion: 730 kcal

1_Das Fleisch in etwa 3 cm große Würfel
schneiden, Fett oder Sehnen dabei gleich
wegschneiden. Zwiebeln schälen und in
feine Streifen schneiden. Knoblauch und
Ingwer schälen und möglichst fein würfeln,
die Chilischoten waschen.

2_Senf- und Erdnussöl in einer Pfanne
oder im Wok heiß werden lassen. Zwiebeln
darin unter Rühren bei mittlerer Hitze

hellbraun anbraten. Knoblauch, Ingwer,
Panch Phoran und Chilis dazugeben und
unter Rühren weiterbraten, bis es knistert.
Hitze herunterschalten, Fleisch und Kur-
kuma in Pfanne oder Wok geben. Unter
Rühren 2–3 Minuten braten, dann salzen.
Erst den Joghurt und die Fleischbrühe,
dann den Zitronensaft unterrühren.

3_Deckel auflegen und alles bei kleinster
Hitze gemütlich etwa 1 Stunde schmoren
lassen, dabei bei Bedarf ab und zu etwas
Wasser angießen.

4_Dann den Deckel abnehmen und das
Fleisch etwa 15 Minuten bei mittlerer
Hitze offen kochen lassen (so kocht die
Sauce ein wenig ein). Wer eine richtig
sämige Sauce mag, kann das Ganze am
Ende noch rund 5 Minuten bei hoher
Temperatur Hitze-Rühr-Braten (Seite 112).
In dem Fall aber vorher die Chilischoten
rausnehmen. Dazu schmeckt Reis.

TIPP

Reines Senföl ist zum Kochen bzw. sehr
hohen Erhitzen nicht geeignet. Im Asia-
Laden gibt's allerdings kochgeeignete
Mischungen aus Senföl mit neutralem
Öl – einfach danach fragen.

Lamm-Gemüse-Curry

Alles Gute in einem Topf

Für 4 Personen:
500 g Lammfleisch (am besten aus
der Keule oder Schulter)
2 Zwiebeln
1 Stück frischer Ingwer (etwa 5 cm)
3 Knoblauchzehen
5 EL Erdnussöl
2 Tomaten
2 Lorbeerblätter
1/2–1 TL Chilipulver
1 EL gemahlener Koriander
1 EL gemahlener Kreuzkümmel
1/4 TL Kurkumapulver
1/2 TL Garam Masala
2 EL Joghurt
Salz
Pfeffer aus der Mühle
600 g Bohnen, Möhren oder Kartoffeln
(nach Wunsch nur eine Gemüsesorte
oder alle drei gemischt)

Zubereitungszeit: 40 Minuten
+ etwa 1 3/4 Stunden Garen
Kalorien pro Portion: 505 kcal

1_Fleisch von Fett und Sehnen befreien, dann in 4 cm große Würfel schneiden. Zwiebeln, Ingwer und Knoblauch schälen, grob zerschneiden und zusammen mit dem Pürierstab, im Mörser oder in der Küchenmaschine pürieren.

2_In einem Topf oder Bräter das Öl heiß werden lassen. Darin das Zwiebelpüree bei mittlerer Hitze 10–15 Minuten unter Rühren braten, bis es hell gebräunt ist. Fleisch dazugeben, weitere 10–15 Minuten unter Rühren braten – so lange, bis sich das Öl am Rand absetzt. Zwischendurch die Tomaten waschen und klein würfeln, dabei die Stielansätze wegschneiden.

3_Lorbeerblätter und Gewürze darüberstreuen, 2 Minuten mitbraten, dann 1/4 l Wasser zugießen und die Hitze reduzieren. Tomaten und Joghurt unterrühren, salzen, pfeffern und zugedeckt bei kleiner Hitze 45 Minuten schmoren lassen.

4_Das Gemüse waschen oder schälen und putzen, in mundgerechte Stücke schneiden. Zum Fleisch geben und alles 50–60 Minuten weiterschmoren. Ab und zu umrühren und eventuell etwas Wasser dazugießen. Sofort mit Reis servieren. Wer will, streut Koriandergrün darüber.

Hackfleisch mit Erbsen

Keema matar – schneller und preiswerter Klassiker

Zutaten für 4 Personen:
2 Zwiebeln
2 Knoblauchzehen
1 Stück frischer Ingwer (etwa 5 cm)
2–3 grüne Chilischoten
4 EL Erdnussöl
500 g Lamm- oder Rinderhackfleisch
1 TL gemahlener Kreuzkümmel
1 TL gemahlener Koriander
1 TL edelsüßes Paprikapulver
1/2 TL Kurkumapulver
2 EL Tomatenmark
Salz
Pfeffer aus der Mühle
3 EL Joghurt
200 g tiefgekühlte Erbsen
1 1/2 TL Garam Masala
2 EL Zitronensaft

Zubereitungszeit: 25 Minuten
+ 30–40 Minuten Garen
Kalorien pro Portion: 470 kcal

1_Zwiebeln, Knoblauch und den Ingwer schälen, Chilis waschen und entstielen. Alles möglichst fein hacken. Das Öl in einer großen Pfanne oder im Wok heiß werden lassen und die Mischung darin bei mittlerer Hitze andünsten, bis die Zwiebeln leicht gebräunt sind. Jetzt Hackfleisch dazugeben und etwa 5 Minuten braten. Dabei das Hack immer wieder mit der Zwiebelmasse vermengen und zerstoßen, damit es schön krümelig anbrät.

2_Kreuzkümmel, Koriander, Paprika und Kurkuma darüberstäuben und 1 Minute mitbraten. Das Tomatenmark unterrühren, salzen und pfeffern und 1 Minute weiterbraten. Dann Joghurt mit wenig Wasser untermischen, den Deckel drauf und bei kleiner Hitze etwa 15 Minuten schmoren. Dabei immer mal wieder etwas Wasser angießen (insgesamt etwa 200–250 ml).

3_Die leicht angetauten oder noch gefrorenen Erbsen unterrühren und alles weitere 15–25 Minuten schmoren. Gegen Garzeitende mit Garam Masala, Zitronensaft, Salz und Pfeffer abschmecken und 5 Minuten ziehen lassen. Mit Reis oder Brot servieren.

Lamm mit Kichererbsen

Besser als Eintopf –
super Winteressen

Zutaten für 4–6 Personen:
150 g halbierte, getrocknete
Kichererbsen (Chana Dal)
2 Zwiebeln
1 kleine Dose Tomaten (400 g Inhalt)
3 Knoblauchzehen
1 Stück frischer Ingwer (etwa 6 cm)
1 TL Chilipulver
3/4 TL Kurkumapulver
2 TL Garam Masala │ Salz
750 g Lammfleisch mit Knochen
(z. B. Haxen, vom Metzger noch mal
in kleinere Stücke hacken lassen)
3 EL Sonnenblumenöl
3 EL Joghurt
etwas Zucker
4–5 EL gehacktes Koriandergrün
(das sind etwa 1/2 Bund)

Zubereitungszeit: 20 Minuten
+ mindestens 2 Stunden Einweichen
+ 1 3/4–2 Stunden Garen
Kalorien pro Portion (bei 4 Personen):
765 kcal

1_Die Kichererbsen in einer Schüssel mit kaltem Wasser bedecken und mindestens 2 Stunden einweichen (falls noch Zeit ist: besser länger).

2_Die Zwiebeln schälen und grob hacken. 4–5 Tomaten mit 4–5 EL Saft aus der Dose löffeln und mit den Zwiebeln mit einem Pürierstab oder in der Küchenmaschine pürieren. Knoblauch und Ingwer schälen und fein würfeln, reiben oder durch die Presse drücken. Beides mit gemahlenen Gewürzen, etwa 3/4 TL Salz und 3 EL heißem Wasser verrühren.

3_Das Lammfleisch kurz waschen und trockentupfen. Öl in einem Topf oder Bräter erhitzen. Fleisch und die Gewürzpaste hineingeben und rundherum leicht anbraten – dabei aufpassen, dass die Paste nicht anbrennt (eventuell Wasser esslöffelweise dazugeben). Das Tomaten-Zwiebel-Püree unterrühren und alles offen 5–8 Minuten bei mittlerer bis starker Hitze kochen lassen. Joghurt unterrühren, mit Salz und Zucker abschmecken, Topfdeckel auflegen und alles bei kleiner Hitze gut 1 1/2–1 3/4 Stunden schmoren lassen. Ab und zu umrühren und wenig Wasser oder übrigen Tomatensaft dazugeben, wenn die Sauce zu sehr einkocht.

4_Gleichzeitig die Kichererbsen in ein Sieb abgießen, kalt abbrausen und in einen Topf mit gut 1–1 1/2 l Wasser geben. Einmal aufkochen lassen, dann zugedeckt bei kleiner Hitze in etwa 40 Minuten bissfest kochen. Gegen Garzeitende öfters testen, sie sollten nicht zu weich werden.

5_Die Kichererbsen in ein Sieb abgießen und zum Fleisch geben. Alles zusammen noch mal 10–15 Minuten weitergaren, bis Fleisch und Kichererbsen schön weich sind. Zum Schluss prüfen, ob genug Salz dran ist. Reichlich Koriandergrün über das Fleisch streuen. Fertig!

TIPP

Perfekt lassen sich Fleisch und Sauce mit Naan (Seite 120) oder auch mal einem türkischen Fladenbrot auftunken.

Mohn-Kokos-Fleischbällchen in Zwiebelsauce

Trotz jeder Menge Zwiebeln: aromatisch und fein

Zutaten für 4 Personen:
450 g Zwiebeln
400 g Rinderhackfleisch (oder ganz authentisch: Lammhackfleisch)
1 Ei (Größe L)
4 Knoblauchzehen
1 Stück frischer Ingwer (etwa 7 cm)
3 EL weiße Mohnsamen (Khus-Khus)
3 EL Kokosraspel
1–1 1/4 TL Chilipulver
2 TL Garam Masala
1 1/2 EL getrocknete Minze
Salz
3 EL Ghee oder Sonnenblumenöl
3/4 TL Kurkumapulver
350 ml Fleischbrühe

Zubereitungszeit: 30 Minuten
+ 1 Stunde Garen
Kalorien pro Portion: 480 kcal

1_Die Zwiebeln schälen. 1 große Zwiebel möglichst fein würfeln, die restlichen in dünne Streifen schneiden. Das Hackfleisch mit der gewürfelten Zwiebel und dem Ei in eine Schüssel geben. Den Knoblauch und Ingwer schälen und ganz fein hacken, je ein Drittel davon zum Hackfleisch geben.

2_Die Mohnsamen und Kokosraspel mit etwas Wasser im Mörser möglichst fein zerreiben und zum Hack geben. Jetzt noch gut 1/2 TL Chilipulver, 1 TL Garam Masala, 1 TL fein zerriebene Minze und Salz unters Hackfleisch mischen und mit den Händen kräftig zu einem gleichmäßigen Hackteig durchmengen. Die Masse zu 20 Klößchen formen und beiseitestellen.

3_Das Ghee oder Öl in einem breiten Topf erhitzen. Die Zwiebelstreifen zugeben und bei mittlerer Hitze in 10–15 Minuten hellbraun braten, dabei immer wieder mal durchrühren. Übrigen Ingwer und Knoblauch untermischen, kurz mitbraten. Das restliche Chilipulver und das Kurkumapulver dazugeben, kurz durchrühren, dann die Brühe angießen.

4_Zwiebelsauce zum sanften Köcheln bringen, dann die Fleischbällchen nebeneinander einlegen. Deckel auflegen und die Bällchen etwa 10 Minuten bei kleiner Hitze garen. Dann einmal vorsichtig mit dem Löffel wenden und im geschlossenen Topf weitere 50 Minuten garen. Den Topf immer mal wieder vorsichtig rütteln, sodass die Klößchen gleichmäßig das Aroma der Sauce annehmen.

5_Kurz vor Garzeitende vorsichtig restliche Minze und übriges Garam Masala unter die Sauce rühren. Sollte die Sauce noch sehr dünnflüssig sein, den Deckel abnehmen und die Hitze leicht erhöhen, damit sie mehr einkocht.

TIPP

Anstelle der weißen Mohnsamen könnte man auch normalen Graumohn nehmen. Der schmeckt zwar ähnlich, sieht aber nicht besonders appetitlich aus. Wer partout keinen weißen bekommt, sollte dann besser auf Sesamsamen ausweichen – die harmonieren hier nämlich auch toll!

Schweinefleisch-Vindaloo

Achtung: super-scharfer Klassiker aus Goa

Zutaten für 4 Personen:
4 Knoblauchzehen
1 Stück frischer Ingwer (etwa 3 cm)
4–6 getrocknete Chilischoten
6 grüne Kardamomkapseln
1/2 TL schwarze Pfefferkörner
6 Nelken
1 Stück Zimtrinde (5–7 cm)
200 ml Weißweinessig
1/2 TL Kurkumapulver
1/2 TL edelsüßes Paprikapulver
Salz
1 EL brauner Zucker
800 g Schweinefleisch (vom Hals oder fertig geschnittenes Gulaschfleisch)
3 große Zwiebeln
2–3 grüne Chilischoten
2 EL Erdnussöl

Zubereitungszeit: 25 Minuten
+ 12 Stunden Marinieren
+ 1 Stunde Garen
Kalorien pro Portion: 315 kcal

1_Knoblauch und Ingwer schälen und mit den getrockneten Chilischoten grob zerschneiden. Die Kardamomkapseln aufschlitzen und die Samen herauskratzen. Mit Pfefferkörnern, Nelken und der Zimtrinde im Mörser möglichst fein zerreiben. Alles mit 100 ml Essig mit dem Pürierstab oder in der Küchenmaschine möglichst fein pürieren. Dann mit dem Kurkuma- und Paprikapulver, etwa 1/2 TL Salz und dem Zucker verrühren.

2_Das Schweinefleisch in größere Würfel, wie für Gulasch, schneiden. Mit dem Püree in einer Schüssel gut mischen. Abdecken und 12 Stunden (am besten über Nacht) im Kühlschrank marinieren lassen.

3_Dann die Zwiebeln schälen, längs halbieren und anschließend in feine Streifen schneiden. Grüne Chilischoten waschen, entstielen und in feine Ringe schneiden.

4_Öl in einem Topf oder Bräter erhitzen und die Zwiebeln darin bei mittlerer Hitze hellbraun anbraten. Dann das Fleisch samt Marinade in den Topf geben und unter Rühren gut 5 Minuten anbraten. Grüne Chilischoten, restlichen Essig und etwa 450 ml Wasser einrühren und mit Salz würzen. Topfdeckel auflegen und das Ganze etwa 45 Minuten bei kleiner Hitze köcheln lassen. Dann Deckel abnehmen und offen in weiteren 10–15 Minuten bei mittlerer bis großer Hitze einkochen lassen – die Sauce sollte eher sämig sein.

Basic-TIPP

Auf Restaurant-Speisekarten wird Vindaloo gleich mit 3 Chilischoten ausgezeichnet – der Hinweis für: extra hot! Wer's nicht so scharf mag, kann ruhig weniger Chilis oder Pfeffer nehmen, entweder nur die getrockneten oder die frischen Chilis verwenden oder die besonders scharfen Samen aus den Schoten kratzen. Das ändert am eigentlichen Charakter des Gerichts wenig: Hauptsache es ist Essig und Knoblauch drin. Das sind nämlich die namensgebenden Zutaten (portugiesisch vinho = Wein, in diesem Fall vergorener Wein = Essig; alho = Knoblauch).

Wok-Rindfleisch mit Kokosnuss

Blitzschnelles aus Südindien

Zutaten für 2 Personen:
300 g Rinderfilet oder Rindersteak
1 Stück frischer Ingwer (etwa 4 cm)
1 Knoblauchzehe
3 EL Kokos-Chips (die großen Späne, nicht die kleinen Raspel)
2 Msp. Kurkumapulver
1/2–3/4 TL Chilipulver
1/4 TL Zimtpulver
1 TL gemahlener Koriander
10 Schalotten
3 EL Kokosöl (ersatzweise Erdnussöl)
2 Sternanise │ 1 Zimtstange
4 Nelken │ 15 Curryblätter
Salz │ etwa 70 ml Rinderbrühe

Zubereitungszeit: 25 Minuten
+ 30 Minuten Marinieren
Kalorien pro Portion: 465 kcal

1_Fleisch in dünne Scheibchen schneiden. Ingwer und Knoblauch schälen und fein würfeln. Mit dem Fleisch mischen und zugedeckt 30 Minuten kühl stellen. Die

Kokos-Chips mit heißem Wasser übergießen und in dieser Zeit quellen lassen. Die gemahlenen Gewürze mit 2 EL heißem Wasser verrühren. Die Schalotten schälen und längs in dünne Streifen schneiden.

2_Kokos-Chips abgießen und abtropfen lassen. 2 EL Öl im Wok bei mittlerer Hitze nicht zu heiß werden lassen. Die ganzen Gewürze, die Curryblätter und Schalotten hineinrühren. Schalotten unter Rühren in 10–15 Minuten leicht bräunen.

3_Schalotten und Gewürze an den Rand des Woks schieben, die Hitze auf höchste Stufe stellen und übriges Öl im Wok heiß werden lassen. Das Fleisch reingeben und sofort mit Schalotten und Gewürzen verrühren, dann salzen. Jetzt ständig rühren und sobald das Fleisch leicht angebraten ist, 1–2 EL Brühe, Kokos-Chips und eingeweichte Gewürze zugeben, weiterrühren.

4_Das Fleisch braten, bis es fast trocken ist, dann wieder 1–2 EL Brühe zugeben und weiterrühren. Das Ganze noch zwei- bis dreimal wiederholen, bis Fleisch und Schalotten schön gebräunt sind und kaum Flüssigkeit übrig ist. Sofort servieren – am besten mit Reis und einem flüssigen Dal, etwa dem mit Spinat von Seite 72.

Jalfraizi

Ehemalige Resteverwertung jetzt ganz fein

Für 2 Personen:
250 g Schweineschnitzel (oder als edle Variante: Rinderfiletsteak)
1 Knoblauchzehe
1 Stück frischer Ingwer (etwa 1 cm)
1 getrocknete Chilischote
4 EL Erdnussöl
1 Zwiebel │ 1 gelbe Paprikaschote
5 Kirschtomaten
3/4 TL braune Senfkörner
1/2 TL gemahlener Kreuzkümmel
1/2 TL gemahlener Koriander
1/4 TL Kurkumapulver
1 1/2 EL Sojasauce (oder falls vorhanden: Worcestersauce)
Salz │ Pfeffer aus der Mühle
1 EL gehacktes Koriandergrün

Zubereitungszeit: 25 Minuten
+ 1 Stunde Marinieren
Kalorien pro Portion: 395 kcal

1_Schweinefleisch in schmale Streifen schneiden. Den Knoblauch und Ingwer schälen und möglichst fein hacken. Die Chilischote fein zerschneiden und mit

Ingwer, Knoblauch und 1 EL Öl verrühren. Mit dem Fleisch mischen und zugedeckt 1 Stunde im Kühlschrank marinieren.

2_Zwiebel schälen und in feine Streifen schneiden. Paprikaschote längs vierteln, putzen, waschen und in knapp 1 cm breite Streifen schneiden. Die Kirschtomaten waschen und vierteln.

3_In einer großen, beschichteten Pfanne oder im Wok 2 EL Öl richtig heiß werden lassen. Fleisch zugeben und bei starker Hitze unter Rühren 2–3 Minuten anbraten, bis es nicht mehr rosa ist. Anschließend in ein Schälchen geben.

4_Übriges Öl in Wok oder Pfanne geben und sofort die Senfkörner einstreuen. Sobald die Körner zu springen beginnen, Zwiebel und Paprikaschote dazugeben und unter Rühren 2 Minuten braten. Die Gewürze darüberstreuen, dann sofort Tomaten und das Fleisch samt Bratensatz dazugeben. Sojasauce darüberträufeln, salzen und pfeffern. Weitere 3–4 Minuten unter Rühren braten, bis das Gemüse gar, aber noch bissfest und fast alle Flüssigkeit verdampft ist. Vom Herd nehmen, mit Salz und Pfeffer abschmecken und mit Koriandergrün bestreut sofort servieren.

Masala-Lammkoteletts

Schmecken auch vom Grill

Zutaten für 4 Personen:
1 Stück frischer Ingwer (etwa 6 cm)
2 Knoblauchzehen
2 grüne Chilischoten
1 TL schwarze Pfefferkörner
1 TL gemahlener Kreuzkümmel
1/2 TL Garam Masala
5 EL Olivenöl (zwar nicht indisch – hier aber passend und lecker)
8 Lammkoteletts (die doppelten vom Rücken mit schönem Fettrand, je etwa 100 g)
Salz

Zubereitungszeit: 25 Minuten
+ 3 Stunden Marinieren
Kalorien pro Portion: 705 kcal

1_Ingwer und Knoblauch schälen. Den Ingwer reiben oder ganz fein hacken, den Knoblauch durch die Presse drücken. Die Chilis waschen, entstielen und ganz fein hacken. Die Pfefferkörner im Mörser oder in der Pfeffermühle grob zermahlen. Alles mit den gemahlenen Gewürzen und 3 EL Öl gut verrühren.

2_Die Lammkoteletts in eine Schale legen und gleichmäßig auf beiden Seiten mit der Marinade bestreichen. Zugedeckt für 3 Stunden in den Kühlschrank stellen.

3_Das Fleisch möglichst 15 Minuten vor dem Braten aus dem Kühlschrank nehmen. Dann in einer Pfanne (ideal ist hier auch eine Grillpfanne, die man nur dünn mit Öl einpinseln muss) das übrige Öl richtig heiß werden lassen. Die Koteletts salzen, ins Öl legen und 2–3 Minuten anbraten, wenden und weitere 2–3 Minuten braten. Vom Herd nehmen und etwa 2 Minuten in der Pfanne nachziehen lassen. Dann schnell auf den Tisch damit!

TIPPs

Im Sommer kommen die Koteletts natürlich auf den Holzkohlengrill! Abstand zur Glut: 10–15 cm, Garzeit: wie oben. Aber ganz egal ob vom Grill oder aus der Pfanne – unbedingt mit einem frischen Koriander-Minze-Chutney (Seite 126; besonders fein: die Raita-Variante mit Joghurt, Seite 127), Naan (Seite 120), Chachumber (Seite 123) oder einem mediterranen Rucolasalat mit Kirschtomaten servieren.

im Bild: Pistazien-Puten-Korma

Basic:

Sämige und super aromatische Saucen – das macht indische Currys aus. Und fast alle sind ohne Sahne und Mehlschwitze. Geht ganz einfach, braucht aber Zeit und richtig Hitze-Power.

Wer Gulasch kochen kann, schafft ebenso ein Curry! Viel zu tun, gibt's dabei erst mal nicht. Denn zuerst schmurgelt so ein indisches Fleischgericht ganz langsam alleine vor sich hin. Und die Zeit sollte man ihm auch gönnen! Erst kurz vor Ende wird's interessant. Jetzt heißt es Deckel runter, Hitze rauf und ran an den Kochlöffel: Bei hoher Temperatur wird nun die restliche Flüssigkeit kräftig eingekocht. Durch konstantes Rühren geht das zum einen ganz flott, zum anderen brennt nichts an. »Bhunao« nennt man das Hitze-Rühr-Braten und wendet es immer dann an, wenn Flüssigkeit flott verdampfen soll. Also etwa beim schnellen Wok-Braten, beim Anbraten von Zwiebeln, Tomaten und Würz-Masalas, oder wenn Fleisch und Gemüse direkt in den Topf wandern.

Wie sämig oder flüssig ein Curry dann eingekocht wird, hängt mehr oder weniger vom persönlichen Geschmack ab. In Indien gibt es hier genauere Unterscheidungen und Bezeichnungen. Kormas zum Beispiel sind aber immer Fleischgerichte in dicklicher Sauce mit Joghurt oder auch mal Sahne, Nüssen und Zwiebeln – passend für richtig üppige Festtagsessen.

Hitze-Rühr-Braten

Hähnchen-Korma

Moguln-Klassiker: nuss-mild
und cremig-fein

Zutaten für 4 Personen:
750 g Hähnchenbrustfilet
3 EL Cashewnusskerne
3 EL gemahlene, geschälte Mandeln
2 große Zwiebeln | 2 Knoblauchzehen
1 Stück frischer Ingwer (etwa 6 cm)
200 g Joghurt | 1/2 TL Kurkumapulver
3/4 TL Chilipulver | 1/2 TL gemahlene
Macis (Muskatblüte, ersatzweise frisch
geriebene Muskatnuss) | Salz
10 grüne Kardamomkapseln
3 EL Ghee | 6 Nelken
1 Stück Zimtstange (etwa 5 cm)
1 Lorbeerblatt | 1–2 EL Limettensaft

Zubereitungszeit: 50 Minuten
+ 30 Minuten Marinieren
Kalorien pro Portion: 405 kcal

1_Das Fleisch in etwa 5 cm große Stücke
schneiden. Cashews und Mandeln mit
etwa 80 ml heißem Wasser verrühren.
Zwiebeln, Knoblauch und Ingwer schälen
und grob zerschneiden. Zu den Nüssen
geben und mit dem Pürierstab oder in der
Küchenmaschine fein pürieren. Sollte es
zu trocken sein, etwas Joghurt mitpürieren.

2_Danach übrigen Joghurt, gemahlene
Gewürze und etwas Salz unterrühren.
Mit dem Fleisch in einer Schüssel ver-
mischen, abdecken und mindestens
30 Minuten in den Kühlschrank stellen.

3_Die Kardamomkapseln im Mörser an-
quetschen. Ghee im Topf bei mittlerer
Hitze schmelzen. Kardamom, Nelken,
Zimt und Lorbeerblatt unter Rühren etwa
2 Minuten darin anrösten. Fleisch samt
Marinade dazugeben. 3–5 Minuten unter
Rühren bei großer Hitze braten, bis fast
alle Flüssigkeit verdunstet ist. 100 ml
Wasser zugeben, zugedeckt bei kleiner
Hitze etwa 25 Minuten köcheln lassen.

4_Dann erneut die Hitze rauffahren und
unter Rühren 2–5 Minuten kochen, bis
die Sauce schön sämig ist. Mit Salz und
Limettensaft abschmecken. Wer Koriandergrün mag, streut welches drüber. Dazu
schmeckt Reis oder Naan (Seite 120).

Pistazien-Puten-Korma

Gästeessen de luxe

Zutaten für 4 Personen:
2 Zwiebeln | 60 g Pistazienkerne (ohne
Salz) | 1 Knoblauchzehe | 1 Stück fri-
scher Ingwer (etwa 3 cm) | 2 grüne
Chilischoten | 600 g Putenbrustfilet
2 EL Erdnussöl | 2 EL gemahlener
Koriander | 1/4 TL weißer Pfeffer aus
der Mühle | 100 g Joghurt | Salz
100 g Sahne | 1/2 TL Garam Masala

Zubereitungszeit: 50 Minuten
Kalorien pro Portion: 420 kcal

1_Zwiebeln schälen, vierteln und in einen
kleinen Topf mit gerade so viel Wasser
geben, dass sie eben bedeckt sind. Zugedeckt bei mittlerer Hitze in 20–25 Minuten
weich kochen. Wasser abgießen.

2_Inzwischen die Pistazien in einem
Schälchen mit so viel kochend heißem
Wasser übergießen, dass sie bedeckt
sind. Knoblauch und Ingwer schälen. Die
Chilischoten waschen, entstielen und mit
Knoblauch und Ingwer grob hacken. Das
Putenfleisch 4 cm groß würfeln.

3_Die Zwiebeln mit Knoblauch, Ingwer
und Chilis mit dem Pürierstab oder in
der Küchenmaschine so fein wie möglich
pürieren. Anschließend Pistazien samt
Einweichwasser pürieren.

4_Das Öl in einem Topf erhitzen. Darin
das Zwiebelpüree bei mittlerer Hitze etwa
8 Minuten unter Rühren andünsten, ohne
es zu bräunen. Den Koriander und Pfeffer
unterrühren, dann Pistazienpüree, Joghurt
und Fleisch gut untermischen und salzen.
Alles 3–5 Minuten braten, dabei weiterhin
gut rühren.

5_Dann etwa 200 ml Wasser dazugießen
(die Sauce sollte nicht zu dünnflüssig
sein). Zugedeckt 15 Minuten bei kleiner
Hitze köcheln lassen. Zuletzt Sahne und
Garam Masala untermischen. Die Hitze
erhöhen und das Korma für 3–5 Minuten
unter Rühren nochmals etwas einkochen.
Mit Salz und Pfeffer abschmecken, dann
sofort servieren.

Beilagen

Wenn man in Asien Reis zum Essen bekommt oder im Orient ein Stück Brot, dann gilt das zwar als Gottesgabe, ist aber sonst nicht der Rede wert. Anders in Indien, der Brücke zwischen Nahem und Fernem Osten. Dort haben sie aus dem Fladenbrotbacken ein Kunsthandwerk gemacht, bei dem in der Pfanne gebraten, im Fett frittiert oder im Tandoor-Ofen gegart wird, um knusprige Schmuckstücke zum Stippen und Dippen zu schaffen. Und der indische Basmati-Reis gilt als das Juwel unter den Reissorten dieser Welt. Aber auch die Beilagen zu diesen Beilagen sind weltklasse: scharfe Pickles, fruchtige Chutneys, würzige Raitas – alle aus Indien. Und alles steht in diesem Kapitel.

Essen & leben

Liebe Leserinnen schöner Frauenzeitschriften und Besucher von Well-ness-Centern, das wird jetzt ein bisschen hart. Es geht um Ayurveda, jene heilende Lehre Indiens, bei der das Essen eine große Rolle spielt. Und die ist nicht immer so strahlend, wie es scheint. Lest selbst:

Der Doktor und das fette Ghee

Es war einmal eine alte Kultur, in der es den Leuten sehr gut ging. Doch mit der Zeit ver-loren sie im Einzelnen wie auch in der Gruppe das rechte Lot. Da formten ihre Weisen aus den noch viel älteren Überlieferungen ihrer Ahnen eine neue Harmonielehre fürs Volk – die »Wissenschaft vom Leben«, kurz Ayurveda genannt. Soweit die Sage. Auf der Basis der Elemente Luft, Feuer, Wasser, Erde und Raum (der »Äther«) gibt es im Ayurveda drei »Energieformen«, Doshas genannt, die Menschen prägen: das ätherisch-kreative Vata, das feurig-aktive Pitta und das erdig-ruhende Kapha. Wer sein Dosha kennt (oft eine Mischform), versucht das Beste draus zu machen und in Balance mit den übrigen Doshas zu kommen. Das funktioniert zuerst übers Essen – weswegen morgens schon mal Bitter-gurke oder ein Glas fettes Ghee auf den Tisch kommen kann. Soweit die Theorie.

Die Praxis ist oft angenehmer: pure Zutaten aus der Region und nach der Saison, zu Hause von Hand und aus guter Erfahrung vor- wie zubereitet – das ist ayurvedisch und das schätzt man auf der ganzen Welt. Indien hat dem nur einen Namen und eine Form gegeben, nach der sich gut leben lässt. Also: Seien wir ruhig alle ein bisschen Ayurveda.

Sag mal, Küchenguru...

...kaust Du Betel?

Och, manchmal schon. Nach einem guten Abendessen zum Beispiel, da mag ich so ein gefülltes Paan-Blatt vom Betelpfeffer schon ganz gerne. Das ist sowas wie Sundowner, Kaffee und Konfekt in einem. Aber den gan-zen Tag Betelnüsse kauen (die übri-gens von der Betelpalme stammen), das ist nix für mich und so exzessiv auch nicht gesund. Und was sollen die Leute von einem Guru halten, der immer nur roten Saft spuckt – weil die Nüsse einem das Wasser im Mund zusammentreiben und rot färben. Jetzt wisst Ihr auch, woher diese zahl-reichen roten Flecken hier auf den Straßen und an den Wänden kommen.

Was ich auch nicht mag: Saadha-Paan, mit Tabak und mehr gefüllte Paan-Blätter. Schaden mir eher als zu schmecken. Lieber ist mir das süß-würzige Mitha-Paan, von dem ich am Anfang sprach, oder einfach nur Betel-Masala: trocken geröstete Gewürze, Samen und Kerne mit in Ghee gebratenen Betelnussstücken zum Naschen und Kauen nach dem Essen. Digestif auf indisch.

Ist fast indisch!

Wir wollen ja nicht kleinlich sein – aber selbst das superbritische Gurkensandwich könnte was Indisches in sich haben. Es geht um die Gurke, deren Herkunft in Nordindien vermutet wird. Wir glauben das jetzt einfach mal und mach das Beste daraus:

Gurkensandwich Bombay

Wir brauchen für ein großes Sandwich, das für 2–4 Leute reicht: 1 kleine Gartengurke oder 1/2 Salatgurke, 1 rote Zwiebel, 1 Apfel und 1/2 Limette. Dazu 2 große längliche Naan-Brote, 100 g Doppelrahmfrischkäse und 4 EL Joghurt plus 1 Rezept Koriander-Minze-Chutney von Seite 126.

Die Gurke schälen, längs halbieren und mit einem Teelöffel die Kerne aus den Hälften schaben. Gurkenhälften in Scheiben schneiden. Die Zwiebel schälen und in Ringe schneiden. Beides für 10 Minuten in kaltes Wasser legen, das macht es knackig und mildert die Zwiebel. Den Apfel schälen, achteln, entkernen und in Scheiben schneiden. Die Limette auspressen und den Saft mit dem Apfel mischen.

Nun Gurken und Zwiebeln in ein Sieb gießen, gut trockentupfen und mit den Äpfeln mischen. Frischkäse und Joghurt mischen und ein Naan-Brot auf einer Seite damit bestreichen, ebenso auf das andere Brot das Chutney streichen. Die Gurkenmischung auf dem Frischkäse verteilen, das zweite Brot mit der Chutney-Seite nach unten darauflegen. Leicht pressen, in 4 Stücke teilen und mit Servietten servieren.

Essen & verstehen: Roti

Ist nicht indisch: Kedgeree

Für manche ist es Hundefutter, für andere pures Britannien – tatsächlich aber liegt der Ursprung dieses Reisgerichts der Insel in Indien.

Doch es gibt wenige Inder, die von Kedgeree gekostet haben. Denn die Kombi von gegartem Reis, geräuchertem Fisch und gekochtem Ei ist wahrlich verwegen, vor allem wenn man das weich gekochte milde India-Original aus Reis, Linsen, Ghee und Gewürzen kennt, von dessen Namen »Khichdi« (auch Khichri, Khitchuri) das britische Kedgeree abstammt. Mögen muss man beide, um sie zu genießen.

Wer sagt, dass beim Inder alles gleich schmeckt, ist noch nicht reif fürs Brot-Nirwana. Für alle anderen hier die wichtigsten Fixsterne:

Roti: generelle Bezeichnung für »Brot« – oft übertragen auf verschiedene Brotarten
Naan: Hefe-Fladenbrot aus Weizenmehl aus dem Tandoor-Ofen
Chapati: einfaches Fladenbrot aus grobem Weizenmehl, in der Pfanne gebacken
Poori: in Fett gebackene, ballonförmig aufgeblähte Chapatis
Paratha: an Blätterteig erinnernde Brotfladen aus Chapati-Teig mit viel Ghee (oft gefüllt oder gewürzt)
Pappadums: hauchdünne, krosse Fladen aus Linsenmehl, die beim Inder meist vorab mit Chutney serviert werden

Paratha

Indisches Knusperbrot

Eigentlich kinderleicht zu machen, diese feinen Brotfladen – also ran ans Kneten!

Zutaten für 8 Stück:
etwa 5 EL Ghee
250 g Mehl (Weizenmehl Type 1050 oder Chapati Atta aus dem Asia-Laden)
1/2 TL Salz
2 EL getrocknete Bockshornkleebätter

Zubereitungszeit: 1 Stunde
+ 30 Minuten Ruhen
Kalorien pro Stück: 160 kcal

1_Das Ghee bei kleiner Hitze schmelzen und leicht abkühlen lassen. Das Mehl in einer Schüssel mit dem Salz mischen. Dann 2 EL Ghee und nach und nach etwa 100–150 ml Wasser dazugeben und alles verkneten, bis ein weicher, elastischer, Teig entsteht, der nicht zu zäh und nicht zu klebrig ist. Teig kräftig durchkneten, mindestens 5 Minuten lang. Dann zu einer Kugel formen, in die Schüssel legen und ein feuchtes Tuch darüberdecken. Den Teig 30 Minuten ruhen lassen. Das übrige Ghee in den Kühlschrank stellen.

2_Dann die Teigkugel achteln und jedes Achtel wiederum zu einer Kugel formen. Die Kugeln schnell wieder unter das feuchte Tuch in die Schüssel packen, damit sie nicht austrocknen. Das Ghee aus dem Kühlschrank holen – es sollte jetzt nicht mehr flüssig, sondern cremig und gut verstreichbar sein.

3_Den Backofen auf 250 Grad vorheizen (Umluft ist hier nicht empfehlenswert), dabei das Backblech gleich auf der oberen Schiene mitaufheizen.

Parathas mal anders

Statt die Bockshornkleeblätter auf die Teigscheiben zu streuen, kann man auch 3 EL getrocknete Minze und 1/4 TL Chilipulver gleich mit in den Teig einarbeiten.

Wunderbar üppig werden die Parathas, wenn man eine richtige Füllung reinpackt. Dazu 125 g Paneer (Seite 62, nur die halbe Menge zubereiten) mit einer Gabel fein zerkrümeln. 1 Zwiebel schälen und in kleine Würfel schneiden. 1–2 grüne Chilischoten waschen, entstielen und ganz fein hacken. Alles mischen und mit etwa 3/4 TL Garam Masala und Salz würzen. Die Teigkreise wie beschrieben einschneiden und mit Ghee bepinseln, dann die Füllung gleichmäßig darauf verteilen, aufrollen.

4_Eine der Teigkugeln aus der Schüssel nehmen. Auf einer mit möglichst wenig Mehl ausgestäubten Arbeitsfläche zu einem Kreis von etwa 20 cm Ø ausrollen. Den Teigkreis mit einem geraden Schnitt bis zur Mitte einschneiden, dann mit etwas von dem Ghee einstreichen. Von diesem Einschnitt her ein Dreieck zu einer Seite hin wegklappen (sieht aus wie ein Trichter) und dann immer weiter dreieckig bis zum Ende des Kreises weiterklappen.

5_Diesen gefalteten Teig mit der Spitze nach unten in die Hand nehmen und zu einem Trichter öffnen. Dann vorsichtig von oben her zu einer Scheibe platt drücken. Die Teigscheibe mit etwas zerrebeltem Bockshornklee bestreuen und dann mit wenig Druck so ausrollen, dass die beim Plattdrücken entstandenen einzelnen Teigringe nicht zu sehr zusammenge-quetscht werden – die fertigen Parathas sollten knapp 10 cm Ø haben. Übrige Kugeln genauso verarbeiten.

6_Den Ofen kurz öffnen, das heiße Blech vorsichtig herausziehen und die Brot-fladen schnell darauflegen. Dann sofort ab damit in den Ofen und die Parathas in etwa 5–7 Minuten backen, bis sie schön knusprig braun sind. Herausnehmen und warm auf den Tisch bringen.

Naan-Hefebrote

Die beliebtesten Fladen in jedem Indien-Restaurant

Zutaten für 8 Stück:
1/2 TL Trockenhefe
1/2 TL Zucker
180 ml Milch
500 g Weizenmehl (Type 550)
Salz
4 EL Ghee
4 EL Joghurt
Schwarzkümmel zum Bestreuen

Zubereitungszeit: 45 Minuten
+ 3 Stunden Ruhen
Kalorien pro Stück: 275 kcal

1_Die Hefe in ein Schälchen füllen und mit dem Zucker mischen. Die Milch lauwarm erhitzen, über die Hefe gießen und verrühren. Das Schälchen abdecken und 20 Minuten stehen lassen.

2_In der Zwischenzeit in einer Schüssel das Mehl mit knapp 1 TL Salz mischen. Ghee bei kleiner Hitze schmelzen und etwas abkühlen lassen. Dann die Hefemilch, flüssiges Ghee (etwa 1 EL zurück-

behalten) und Joghurt zum Mehl geben und schnell alles miteinander verrrühren. Jetzt alles mit den Händen oder mit den Knethaken des Handrührgeräts in gut 8 Minuten kräftig zu einem weichen, elastischen Teig verkneten. Zur Kugel formen, in die Schüssel legen, ein Tuch darüberdecken und 3 Stunden an einen möglichst warmen Ort stellen (ideal im Winter: neben eine Heizung).

3_Den Backofen auf 250 Grad vorheizen (Umluft ist hier nicht empfehlenswert), dabei das Backblech gleich auf der oberen Schiene mitaufheizen.

4_Den Teig in acht Portionen teilen und auf einer mit wenig Mehl ausgestreuten Arbeitsfläche zu etwa 1 cm dicken, länglichen Fladen oder flachen Baguette-Stangen ausrollen. Fladen mit übrigem Ghee bestreichen und mit dem Schwarzkümmel bestreuen. Dann den Ofen öffnen, die ersten vier Hefebrote zügig auf das Blech legen und die Ofentür schnell wieder zumachen. Brote in 4–6 Minuten backen, bis sie sich leicht aufblähen und braune Flecken bekommen. Herausnehmen und die übrigen Brote in den Ofen geben. Während diese backen, die ersten schon warm auf den Tisch stellen.

Frittierte Poori-Brote

Schmecken zu fast jedem Gemüse!

Zutaten für 12 Stück:
200 g Chapati-Mehl (Chapati Atta)
Salz │ 2 EL Ghee
Sonnenblumenöl zum Frittieren und Arbeiten

Zubereitungszeit: 45 Minuten
+ 30 Minuten Ruhen
Kalorien pro Stück: 105 kcal

1_Das Mehl in einer Schüssel mit knapp 3/4 TL Salz mischen. Das Ghee bei kleiner Hitze schmelzen, etwas abkühlen lassen und mit etwa 120 ml Wasser zum Mehl geben, verrühren. Alles in 5–7 Minuten zu einem geschmeidigen Teig kneten (sollte er zu trocken sein, noch etwas Wasser dazugeben). Zur Kugel formen, in Folie wickeln, 30 Minuten ruhen lassen.

2_Arbeitsfläche dünn mit Öl bepinseln. Teig aus der Folie nehmen, in 12 Stücke teilen. Jedes Teigstück zu einem runden, etwa 1 mm dünnen Fladen ausrollen. Nicht stapeln! Sonst kleben sie zusammen.

3_Einen Korb oder eine Schale mit einem Geschirrtuch auslegen. So viel Öl in einen Topf füllen, dass es mindestens 5 cm hoch darin steht. Dann zum Frittieren richtig heiß werden lassen. Einen Brotfladen mit Hilfe eines Schaumlöffel einlegen und sofort mit dem Löffel kurz ins Öl drücken. So bläht sich der Fladen relativ schnell wie ein Ballon auf und kann gleich gewendet werden. Von der anderen Seite nur noch 10–20 Sekunden backen, bis er goldgelb ist. Rausnehmen und auf Küchenpapier abtropfen lassen, nächsten Fladen ins Öl geben. Die fertigen Pooris in den Korb oder die Schale legen und das Küchentuch darüberschlagen. So bleiben sie bis zum Servieren warm.

VARIANTE: Chapatis

Sie sind absolut basic! Gemacht werden sie wie Pooris (meist sogar ohne Ghee im Teig), dann aber einfach in einer flachen Pfanne ohne Öl, aber dafür bei großer Hitze gebraten (siehe rechts).

Würzige Missi-Roti-Fladen

Schnell aus der Pfanne

Zutaten für 8 Stück:
350 g Chapati-Mehl (Chapati Atta, ersatzweise Weizenmehl Type 1050)
150 g Kichererbsenmehl
Salz
1 Zwiebel
1 Stück frischer Ingwer (etwa 4 cm)
2 grüne Chilischoten
1/2 Bund Koriandergrün
1 EL getrocknete Bockshornkleeblätter
1/4 TL Kurkumapulver
etwa 6 EL Ghee

Zubereitungszeit: 1 1/4 Stunden
+ 15 Minuten Ruhen
Kalorien pro Stück: 235 kcal

1_Beide Mehlsorten in einer Schüssel mit etwa 1 TL Salz mischen. Die Zwiebel und den Ingwer schälen und so fein wie möglich würfeln. Die Chilischoten waschen, entstielen, fein hacken. Koriandergrün waschen, trockenschütteln und samt den Stängeln möglichst fein hacken. Alles mit zerrebelten Bockshornkleeblättern und Kurkumapulver unter das Mehl mischen.

2_Das Ghee bei kleiner Hitze schmelzen und etwas abkühlen lassen. 3 EL davon mit etwa 200 ml Wasser zum Mehl geben. Erst mit einem Löffel verrühren, dann mit den Händen kräftig zusammenkneten. In gut 3 Minuten zu einem festen Teig verarbeiten, zu einer Kugel formen, in ein feuchtes Tuch schlagen und 15 Minuten ruhen lassen.

3_Den Teig in acht Portionen teilen. Die Arbeitsfläche dünn mit Mehl ausstreuen und darauf nacheinander die Teigstücke zu Fladen von etwa 20 cm Ø (etwa 1/2 cm dick) ausrollen.

4_Eine beschichtete Pfanne (hier ist eine Crêpes-Pfanne super) richtig heiß werden lassen. Das Mehl gut von einem Fladen abstreichen, den Fladen in die Pfanne legen. Etwa 3 Minuten backen, dann wenden und auf der anderen Seite ebenfalls 3 Minuten backen. Mit etwas Ghee bestreichen, wenden, kurz backen, andere Seite mit Ghee bestreichen und noch mal kurz backen. Den fertigen Fladen in ein Geschirrtuch schlagen und im Backofen bei 60 Grad warm halten, bis auch die anderen Teigstücke fertig gebacken sind.

Würziger Obstsalat

Super erfrischend und zur Abwechslung mal nicht süß

Zutaten für 4 Personen:
1 kleine Salatgurke | 1 Papaya
1 Stück Wassermelone (etwa 300 g)
1 Apfel | 1 Birne | 1 Banane
3–4 Stängel Minze | 3 EL Zitronensaft
1/4 TL Chilipulver | Salz
1 TL Chaat Masala

Zubereitungszeit: 25 Minuten
Kalorien pro Portion: 100 kcal

1_Die Gurke schälen, längs vierteln, dann in Stückchen schneiden. Die Papaya halbieren und die Kerne mit einem Teelöffel rauskratzen, Papaya schälen und klein schneiden. Die Schale von der Melone wegschneiden, das Fruchtfleisch würfeln und dabei so viele Kernchen wie möglich mit einem spitzen Messer rauskratzen. Apfel und Birne waschen, vierteln und entkernen, dann in Stücke schneiden. Die Banane schälen und in Scheiben schneiden. Das ganze Obst – und natürlich die Gurke – in eine Schüssel geben.

2_Minze waschen, trockenschütteln, fein schneiden. Zitronensaft mit Chilipulver, etwas Salz, Minze und Chaat Masala verrühren, anschließend vorsichtig mit dem Obst mischen. Wer will, streut vorm Servieren noch etwas Chaat Masala darüber.

Möhren-Erdnuss-Rohkost

Krachig, knackig, lecker

Zutaten für 4 Personen:
500 g möglichst dicke Möhren
1 EL Sonnenblumenöl
1/4 TL Kreuzkümmelsamen
1/4 TL braune Senfkörner
1 Prise Asafoetida | 2 EL Limettensaft
1 Prise Zucker | Salz
Pfeffer aus der Mühle
3 EL geröstete, ungesalzene Erdnüsse
2 EL gehacktes Koriandergrün

Zubereitungszeit: 25 Minuten
+ 30 Minuten Durchziehen
Kalorien pro Portion: 110 kcal

1_Die Möhren schälen, auf einer Rohkostreibe grob raffeln und dann in eine Schüssel geben.

2_Öl in einem Pfännchen heiß werden lassen. Darin bei mittlerer Hitze die Kreuzkümmelsamen, Senfkörner und Asafoetida rösten, bis es knistert. Vom Herd nehmen, kurz abkühlen lassen und mit Limettensaft und Zucker verrühren. Anschließend unter die Möhren mischen, salzen, pfeffern, nochmals durchrühren und 30 Minuten durchziehen lassen.

3_Die Erdnüsse grob hacken und mit dem Koriandergrün unter die Möhren mischen. Mit Salz und Pfeffer abschmecken, dann am besten zu gegrilltem Fisch servieren.

TIPP
Für alle, die gar nicht mehr ohne Chilischärfe können: 1 grüne Chilischote waschen, entstielen, fein hacken und zusätzlich unter die Rohkost mischen.

Chachumber

Ein altbekannter Salat-Klassiker
mit Gurken und Tomaten

Zutaten für 4 Personen:
1 Salatgurke
2 große Fleischtomaten
1 rote Zwiebel
3/4 TL Kreuzkümmelsamen
2–3 EL Limetten- oder Zitronensaft
Salz | Pfeffer aus der Mühle
2 EL gehacktes Koriandergrün (wer mag)

Zubereitungszeit: 20 Minuten
+ 1 Stunde Durchziehen
Kalorien pro Portion: 30 kcal

1_Die Gurke schälen, längs vierteln und
in kleine Stücke schneiden. Die Tomaten
waschen, halbieren und die Stielansätze
rausschneiden, dann die Tomaten klein
würfeln. Die Zwiebel schälen und in nicht
zu kleine Würfel schneiden.

2_Die Kreuzkümmelsamen in einer Pfanne
ohne Fett rösten, bis sie leicht knistern
und schön duften. Vom Herd nehmen und
abkühlen lassen. Den Zitrussaft mit Salz,
Pfeffer und Kreuzkümmelsamen verrühren
und in einer Schüssel mit dem Gemüse

mischen. Möglichst noch 1 Stunde durchziehen lassen, dann mit Koriandergrün
bestreuen (wer mag) und servieren.

Kichererbsen-
salat

Leckerer Sattmacher an
heißen Tagen

Zutaten für 4 Personen:
1 Dose Kichererbsen (etwa 240 g
Abtropfgewicht) | 1 Salatgurke
1 Granatapfel | 1 rote Zwiebel
1 Stück frischer Ingwer (etwa 2 cm)
150 g Joghurt | 2 EL Limettensaft
3/4 TL gemahlener Kreuzkümmel
1/4 TL Chilipulver | Salz
1 Prise Zucker
4–5 Stängel Minze
2 EL Mandelstifte
1–2 TL Chaat Masala

Zubereitungszeit: 25 Minuten
+ 1 Stunde Durchziehen
Kalorien pro Portion: 175 kcal

1_Die Kichererbsen in ein Sieb gießen,
kurz mit kaltem Wasser abbrausen und
abtropfen lassen. Gurke schälen, längs
vierteln und in kleine Stücke schneiden.
Den Granatapfel halbieren und die Kernchen einzeln herausbrechen (1–2 EL zum
Garnieren beiseitelegen). Zwiebel schälen
und in grobe Würfel oder dünne Ringe
schneiden. Alles in eine Schüssel geben.

2_Den Ingwer schälen, ganz fein würfeln
oder reiben und mit Joghurt, Limettensaft,
Kreuzkümmel und Chilipulver verrühren.
Mit Salz und Zucker abschmecken. Minze
waschen, trockenschütteln und die Blättchen hacken. Etwas davon beiseitelegen,
den Rest unter den Joghurt rühren.

3_Das Joghurtdressing unter die Kicher-
erbsenmischung mengen und den Salat
im Kühlschrank möglichst noch 1 Stunde
durchziehen lassen.

4_Kurz vor dem Servieren die Mandelstifte in einer Pfanne ohne Fett leicht
braun rösten und abkühlen lassen. Dann
die übrigen Granatapfelkerne und die
restliche Minze über den Salat geben. Das
Chaat Masala vorsichtig darüberstreuen –
je nach Geschmack mehr oder weniger.

Joghurt-Dips

Gehören einfach immer dazu – am besten eisgekühlt!

Tomaten-Raita

Für 4 Personen 2 große Tomaten waschen und vierteln. Stielansätze wegschneiden und die Tomaten möglichst klein würfeln. 1 Knoblauchzehe schälen und durch die Presse in eine kleine Schüssel drücken. 1 TL gemahlenen Kreuzkümmel und 300 g Joghurt dazugeben und gut verrühren. Die Tomaten unters Joghurt rühren und mit Salz abschmecken. Möglichst etwa 1 Stunde zugedeckt im Kühlschrank durchziehen lassen. Wer will, bestreut die Raita vorm Servieren noch mit Koriandergrün.

Zubereitungszeit: 15 Minuten
+ 1 Stunde Durchziehen
Kalorien pro Portion: 50 kcal

TIPP

Mit Gurke, Spinat oder auch Frühlingszwiebeln lässt sich Abwechslung in die Raita bringen! Einfach statt der Tomaten eine vergleichbare Menge davon unter den gewürzten Joghurt rühren (den Spinat dazu bei starker Hitze vorher kurz im Topf zusammenfallen und abkühlen lassen, ausdrücken und klein schneiden).

Auberginen-Joghurt

Den Backofen auf 220 Grad vorheizen. Für 4–6 Personen 2 Auberginen waschen, putzen und längs halbieren. Die Schnittflächen mit etwas Erdnussöl bestreichen und jeweils mit etwa 1 Prise Kurkumapulver gut einreiben. Ein Stück Alufolie mit Erdnussöl bepinseln, Auberginen mit den Schnittflächen darauflegen. Auf den Backofenrost legen und in etwa 30–40 Minuten im Ofen (Mitte, Umluft 200 Grad) weich garen. Auberginen leicht abkühlen lassen, dann mit einem Teelöffel das weiche, musige Fleisch aus der Schale kratzen und klein hacken. 1 Knoblauchzehe schälen und durch die Presse zu den Auberginen drücken. In einer Schale mit 1 TL gemahlenem Kreuzkümmel, 1 Msp. Chilipulver, Salz, 3 EL Zitronensaft und 4 EL Joghurt gut vermengen. Möglichst noch 1–2 Stunden im Kühlschrank durchziehen lassen. Vor dem Servieren mit 1 EL gehacktem Koriandergrün bestreuen.

Zubereitungszeit: 10 Minuten
+ 30–40 Minuten Backen
+ 1–2 Stunden Durchziehen
Kalorien pro Portion (bei 6 Personen):
65 kcal

Rote-Bete-Pachadi

Für 4–6 Personen 3 EL Kokosraspel in ein Schälchen geben, mit knapp 100 ml heißem Wasser übergießen und etwa 20 Minuten quellen lassen. Inzwischen 1 TL Kreuzkümmelsamen in einer Pfanne ohne Fett rösten, bis sie leicht duften und es leise knistert, dann abkühlen lassen. 2–3 grüne Chilischoten waschen, entstielen und fein hacken. 1 nicht zu große Rote Bete (etwa 250 g) schälen und auf einer Rohkostreibe grob raspeln (unbedingt Gummihandschuhe dazu anziehen!). 1 Schalotte schälen und fein würfeln. Die Kokosraspel samt Wasser mit der Hälfte des Kreuzkümmels und der Chilis mit dem Pürierstab möglichst fein pürieren. Dann 2 EL Kokosöl in einem Topf erhitzen, darin die Schalotte andünsten. 1/2 TL braune Senfkörner und 12 Curryblätter dazugeben und kurz mitbraten, bis sie knistern. Dann die Rote Bete, übrige Chilis und Kreuzkümmelsamen unterrühren und etwa 5 Minuten unter Rühren braten. Kokos-püree untermischen, salzen und offen gut 15–20 Minuten bei kleiner Hitze köcheln lassen. Dabei eventuell ab und zu 1 EL Wasser dazugeben und umrühren, damit nichts anbrennt. Vom Herd nehmen und lauwarm abkühlen lassen, dann 300 g Joghurt untermengen. Das Pachadi schmeckt lauwarm oder eisgekühlt, und wer's dünner mag, kann das Joghurt mit etwas Wasser mischen.

Zubereitungszeit: 50 Minuten
Kalorien pro Portion (bei 6 Personen):
130 kcal

Paprika-Pachadi

Für 4 Personen 2 Knoblauchzehen und 1 Stück frischen Ingwer (etwa 1 cm) schälen. 1 grüne Chilischote waschen und entstielen. Alles fein hacken. 1 rote Paprikaschote halbieren, putzen, waschen und in Würfelchen schneiden. 2 EL Öl in einer kleinen Pfanne erhitzen, darin 1 TL Kreuzkümmelsamen, 1 TL braune Senfkörner und 6 Curryblätter, Knoblauch, Ingwer und Chili bei mittlerer Hitze braten, bis die Gewürze knistern. Paprika dazugeben, 2 Minuten weiterbraten, 1–2 EL Wasser unterrühren. Den Deckel drauflegen und alles etwa 7 Minuten garen, bis die Paprika bissfest, also nicht zu weich ist. Vom Herd nehmen, abkühlen lassen. Dann 200 g Joghurt unterrühren, salzen, pfeffern und möglichst 2 Stunden im Kühlschrank durchziehen lassen.

Zubereitungszeit: 20 Minuten
+ 2 Stunden Durchziehen
Kalorien pro Portion: 100 kcal

Rettich-Walnuss-Chutney

Ungewöhnliches aus Kaschmir

Zutaten für 4 Personen:
300 g weißer Rettich
1/4 TL Ajowan
1/4 TL Kreuzkümmelsamen
2 EL Sonnenblumenöl
1 Msp. Asafoetida
Salz
1 grüne Chilischote
1 Stück frischer Ingwer (etwa 3 cm)
1/2 TL Kurkumapulver
1/2 TL gemahlener Fenchel
Saft von 1/2 Zitrone
50 g Walnusskerne

Zubereitungszeit: 25 Minuten
Kalorien pro Portion: 155 kcal

1_Den Rettich mit dem Sparschäler schälen und auf der Rohkostreibe grob raspeln. Ajowan und Kreuzkümmel im Mörser grob zerstoßen.

2_Das Öl in einer beschichteten Pfanne oder im Wok bei mittlerer Hitze heiß werden lassen. Ajowan, Kreuzkümmel und Asafoetida reinstreuen, 1 Minute anrösten. Rettich dazugeben und salzen. Etwa 5 Minuten braten, bis alle Flüssigkeit verdampft ist, dabei immer mal wieder umrühren.

3_Inzwischen die Chilischote waschen, entstielen und fein hacken. Den Ingwer schälen und reiben oder fein würfeln. Beides mit den gemahlenen Gewürzen und dem Zitronensaft unter den Rettich rühren und weitere 5 Minuten bei kleiner Hitze braten.

4_In dieser Zeit die Walnüsse im Mörser zerstoßen und möglichst fein zerreiben. Unter den Rettich rühren und 1 Minute mitbraten, dann vom Herd nehmen. Das Chutney schmeckt sowohl lauwarm als auch gut gekühlt.

TIPP
Das Chutney lässt sich fast wie eine vollständige Gemüsebeilage zu den würzigen Missi-Roti-Fladen (Seite 121) servieren.

Koriander-Minze-Chutney

Grün und kräuterfrisch

Zutaten für 4 Personen:
etwa 40 g Minze
etwa 70 g Koriandergrün
1 kleine Knoblauchzehe
1/2–1 grüne Chilischote
1/2 TL brauner Zucker
2 EL Zitronensaft
2 EL Kokosraspel
Salz

Zubereitungszeit: 15 Minuten
Kalorien pro Portion: 105 kcal

1_Kräuter waschen und trockenschütteln. Die Minzeblätter von den Stängeln zupfen und grob zerschneiden. Beim Koriander – falls dran – Wurzeln wegschneiden und sehr dicke Stiele abknipsen, dann die Blättchen samt den Stängeln ebenfalls grob hacken. Beides in ein hohes Rührgefäß (falls mit dem Pürierstab gearbeitet wird) oder in die Küchenmaschine geben.

2_Knoblauch schälen und grob hacken. Die Chilischote waschen, entstielen und von den kleinen Samen befreien. Die Schote hacken. Beides mit dem Zucker, Zitronensaft und den Kokosraspeln zu den Kräutern geben und möglichst fein pürieren. Sollte das Chutney sehr trocken werden, noch 1–3 EL Wasser zugeben. Mit Salz abschmecken und möglichst noch etwas durchziehen lassen.

TIPP

Das Koriander-Minze-Chutney ist ein echter Allrounder: Es passt zu fast jedem kurzgebratenen oder gegrillten Fleisch oder Fisch sowie zum Dippen für all die kleinen, frittierten Snacks von Samosas (Seite 40) bis zu knusprigen Kartoffelplätzchen (Seite 44).

VARIANTE: Koriander-Minze-Raita

Hierfür einfach nur 3–4 EL vom Chutney in 150–200 g Joghurt rühren (je nach gewünschter Geschmacksintensität). Wer will, würzt dann noch mit Salz und etwas gemahlenem Kreuzkümmel und lässt vielleicht die Kokosraspel auch mal weg.

Tomaten-Ananas-Chutney

Feines Würz-Relish zu Gegrilltem

Zutaten für 4–6 Personen:
1/4 Ananas (entspricht ungeputzt mit Schale etwa 250 g)
1 Stück frischer Ingwer (etwa 2 cm)
1 Knoblauchzehe
1 grüne Chilischote
2 EL Erdnussöl
1/2 TL Panch Phoran
5 EL Weißweinessig
200 g stückige Tomaten (aus der Dose)
Salz | 1 TL brauner Zucker

Zubereitungszeit: 20 Minuten
+ 35–45 Minuten Kochen
Kalorien pro Portion (bei 6 Personen):
60 kcal

1_Den Strunk vom Ananasviertel wegschneiden. Das Viertel längs halbieren und das Fruchtfleisch entlang der Schale abschneiden. Sollten noch »Augen« im Fruchtfleisch sein, auch herausschneiden, Ananas möglichst klein würfeln.

2_Den Ingwer und Knoblauch schälen, die Chilischote waschen und entstielen. Alles sehr fein hacken. Das Öl in einem kleinen Topf erhitzen und darin das Panch Phoran unter Rühren 2 Minuten rösten. Mit dem Essig ablöschen und etwa 1 Minute einkochen lassen. Dann Ingwer, Knoblauch und Chili dazugeben, kurz durchrühren, Tomaten und Ananas untermischen.

3_Das Chutney offen bei kleinster Hitze etwa 35–45 Minuten sanft köcheln lassen. Zum Schluss mit Salz und dem Zucker abschmecken. Fertiges Chutney vom Herd nehmen und abkühlen lassen. Wer es nicht sofort essen möchte, kann es ganz heiß in ein sauberes Schraubglas füllen, so hält es gut 1–2 Wochen.

TIPP

Mit gerösteten Pappadum-Fladen (gibt es im Asia-Laden) ist das Chutney vor dem Essen eine ideale Knabberei zu einem Glas Bier oder zum Aperitif. Aber auch zu gegrilltem oder kurzgebratenem Fleisch und Fisch schmeckt es toll als Würzsauce.

Tamarinden-Ingwer-Chutney

Süßsäuerlich und sehr ungewöhnlich

Zutaten für 4 Personen:
80 g Tamarindenmark
2 Msp. Chilipulver
2 EL brauner Zucker
1/2 TL Ingwerpulver
1/4 TL gemahlener Kreuzkümmel
2–3 Msp. Garam Masala
Salz (wer will, nimmt Kala Namak – schwarzes Steinsalz)

Zubereitungszeit: 15 Minuten
+ 30 Minuten Einweichen
Kalorien pro Portion: 80 kcal

1_Das Tamarindenmark in kleine Stücke zupfen, in eine Schüssel geben und mit knapp 300 ml kochend heißem Wasser übergießen. Etwa 30 Minuten ziehen lassen, dabei ab und an mit einer Gabel umrühren.

2_Dann das eingeweichte Mark samt Flüssigkeit durch ein feines Sieb in einen Topf gießen. Jetzt so viel dickflüssiges Mark wie möglich mit einem Löffel durch das Sieb drücken. Einmal aufkochen, Chilipulver und Zucker dazugeben und so lange bei mittlerer Hitze kochen lassen, bis es eine dickflüssige Konsistenz hat.

3_Jetzt das Chutney mit den restlichen Gewürzen abschmecken. Achtung: Wer Steinsalz nimmt, würzt damit erst mal nur ganz wenig, da es ziemlich aromaintensiv ist. Dann probieren und eventuell nachsalzen. Das Chutney in ein gründlich gesäubertes Schraubglas füllen – darin hält es sich im Kühlschrank gut 3–4 Wochen.

TIPP
Das Tamarinden-Ingwer-Chutney gibt's in Indien zu vielen frittierten oder gebratenen Snacks wie etwa den Samosas (Seite 40) oder den Kartoffelplätzchen (Seite 44). Dazu kommt noch ein möglichst flüssiges Koriander-Minze-Chutney (Seite 126) und ein Schüsselchen mit Joghurt auf den Tisch – und dann heißt es: Dippen!

Kokosnuss-Chutney

Südindischer All-time-Klassiker

Zutaten für 4 Personen:
1 Kokosnuss
1 Stück frischer Ingwer (etwa 3 cm)
1 grüne Chilischote | 2 EL Kokosöl
1/2 TL braune Senfkörner
1 TL halbierte, schwarze Linsen
(Urad Dal; falls keine im Haus sind, geht's auch mal ohne) | 5 Curryblätter
1 getrocknete Chilischote | Salz

Zubereitungszeit: 30 Minuten
+ 2–3 Stunden Durchziehen
Kalorien pro Portion: 330 kcal

1_Kokosnuss aufrecht festhalten. Einen großen Schraubenzieher an einem der schwarzen Flecken ansetzen und mit dem Hammer draufschlagen, bis die Schale durchstoßen ist. Das Kokosnusswasser durch das Loch abgießen und auffangen.

2_Jetzt in einer geraden Linie mit der »spitzen« Seite des Hammers ringsherum auf die Nuss schlagen. So zwei bis drei Runden drehen, bis die Nuss aufspringt.

3_Mit einem stabilen, großen Messer das Fruchtfleisch in Stücken herauslösen. Anschließend auf einer Reibe fein reiben – das erfordert etwas Geduld und Muskelkraft! (Schöner sieht das Chutney übrigens aus, wenn man die braune, innere Schale möglichst nicht mitreibt.) Das Nussfleisch in einem Schälchen mit einigen Esslöffeln vom Kokosnusswasser mischen.

4_Ingwer schälen und fein reiben. Grüne Chilischote waschen, entstielen und fein hacken. In einem Pfännchen das Kokosöl heiß werden lassen. Darin die Senfkörner, Linsen, Curryblätter und getrocknete Chili bei mittlerer Hitze braten, bis es knistert. Ingwer und gehackte Chili dazugeben und etwa 30 Sekunden mitbraten, dann alles unter die Kokosnussmasse mischen. Noch so viel von dem Kokosnusswasser unterrühren, dass ein breiiges Chutney entsteht. Salzen und vor dem Servieren möglichst noch 2–3 Stunden im Kühlschrank zugedeckt durchziehen lassen.

TIPP

Das Chutney schmeckt super zu den Linsenkroketten von Seite 48, aber auch zu vielem anderen, einfach ausprobieren.

Rotes Zwiebel-Chutney

Braucht nicht viel und gelingt leicht

Zutaten für 4 Personen:
1 EL Tamarindenmark
1 TL Chilipulver
350 g rote Zwiebeln
6 EL Erdnussöl
1 TL braune Senfkörner
3 TL halbierte, schwarze Linsen
(Urad Dal)
1 Prise Asafoetida
Salz

Zubereitungszeit: 40 Minuten
Kalorien pro Portion: 210 kcal

1_Das Tamarindenmark in kleine Stücke zupfen und in eine Schüssel geben. Mit knapp 100 ml kochend heißem Wasser übergießen und etwa 15 Minuten ziehen lassen. Das Chilipulver ebenfalls mit 2 EL heißem Wasser verrühren.

2_Inzwischen die Zwiebeln schälen und in nicht zu feine Würfel schneiden. Dann das Tamarindenmark durch ein feines Sieb streichen, die dicke Flüssigkeit auffangen.

3_In einer beschichteten Pfanne oder im Wok 1 EL Öl heiß werden lassen. Die Senfkörner, Linsen und Asafoetida hineingeben und anbraten, bis es leise knistert. Pfanne oder Wok vom Herd nehmen und den Inhalt zum Tamarindenextrakt geben.

4_Die Pfanne oder den Wok wieder auf den Herd stellen und das restliche Öl darin heiß werden lassen. Darin die Zwiebeln bei mittlerer Hitze goldgelb anbraten, dabei immer wieder mal umrühren. Dann vom Herd nehmen und die Zwiebeln mit dem Würz-Tamarindenextrakt und dem Chiliwasser im Mixer oder mit dem Pürierstab so fein wie möglich pürieren. Chutney mit Salz würzen, abkühlen lassen. Es hält sich gut gekühlt 1–2 Tage, schmeckt aber frisch am allerbesten.

TIPP

Das Zwiebel-Chutney passt sehr gut zu Grießplätzchen (Seite 43), Linsenkroketten (Seite 48) oder den würzigen Fladenbroten von Seite 121, schmeckt aber auch lecker zu kaltem Hähnchenfleisch oder zu Gegrilltem.

Apfel-Rosinen-Pickle

Anglo-indisches Relish

Zutaten für 2 Gläser (je 1/4 l Inhalt):
2 Äpfel (etwa 300 g, z.B. Boskop)
1 große Zwiebel
1 Stück frischer Ingwer (etwa 5 cm)
50 g Rosinen
1 getrocknete Chilischote
1 Zimtstange
5 Nelken
3 grüne Kardamomkapseln
150 ml Weißweinessig
200 g Rohrohrzucker
Salz
Pfeffer aus der Mühle

Zubereitungszeit: 25 Minuten
+ 1 Stunde Kochen
Kalorien pro Glas: 570 kcal

1_Die Äpfel schälen, vierteln, entkernen und in nicht zu kleine Stücke schneiden. Die Zwiebel schälen und klein würfeln. Den Ingwer schälen, dann erst in dünne Scheiben und anschließend in feine Stifte schneiden.

2_Alles mit Rosinen, Chili und ganzen Gewürzen in einen Topf geben, mit Essig übergießen. Die Hälfte des Zuckers dazugeben, durchrühren und bei ganz kleiner Hitze zugedeckt etwa 45 Minuten köcheln lassen, bis die Äpfel richtig weich sind.

3_Deckel vom Topf nehmen, restlichen Zucker einrühren und schmelzen lassen. Dann Hitze erhöhen, bis die Apfelmasse richtig blubbert, und 10–15 Minuten offen einkochen lassen, bis das Ganze dick wie etwa Marmelade ist. Dabei regelmäßig rühren, damit möglichst viel Flüssigkeit verdunstet. Salzen und pfeffern

4_Jetzt das Pickle ganz heiß in zwei gut gesäuberte Schraubgläser füllen, Deckel drauf und die Gläser für 10 Minuten auf den Kopf stellen. Die Gläser wieder umdrehen, auskühlen lassen. So hält das Pickle kühl gelagert 6–8 Wochen.

TIPP

Wie alle Pickles immer gut zu Reis. Dies hier passt auch perfekt zu gebratenem, dunklem Fleisch wie Lamm, Rind oder Wild. Unbedingt mal probieren: einen Klecks davon zu Weichkäse wie Brie oder zu kräftigem Parmesan oder Pecorino.

Hochzeits-Pickle

Passt immer, wenn's was zu feiern gibt

Zutaten für 3 Gläser (je 200 ml Inhalt):
100 g getrocknete Aprikosen
75 g getrocknete Datteln
50 g Rosinen | 180 ml Weißweinessig
400 g Möhren | 300 g Zucker
1 Stück frischer Ingwer (etwa 6 cm)
4–5 getrocknete Chilischoten
5 grüne Kardamomkapseln
3/4 TL Kreuzkümmelsamen
3/4 TL Koriandersamen
1–2 TL Garam Masala | Salz

Zubereitungszeit: 25 Minuten
+ Einweichen (über Nacht)
+ etwa 1 1/2 Stunden Kochen
Kalorien pro Glas: 655 kcal

1_Die Aprikosen sehr klein würfeln. Die Datteln halbieren, entkernen und in kleine Stücke schneiden. Beides mit den Rosinen in eine Schüssel geben. 75 ml Essig mit etwa 1/4 l Wasser mischen und über die Früchte gießen. Die Schüssel abdecken und die Früchte über Nacht einweichen und durchziehen lassen.

2_Dann die Möhren schälen und auf einer Rohkostreibe grob raspeln. Mit übrigem Essig und dem Zucker in einem Topf verrühren und etwa 15 Minuten ziehen lassen. Inzwischen den Ingwer schälen und fein würfeln. Die Hälfte davon mit den Chilis unter die Möhren rühren. Die Samen aus den Kardamomkapseln rauskratzen und mit Kreuzkümmel und dem Koriander im Mörser grob zerreiben, in den Topf geben.

3_Möhren einmal aufkochen, dabei so lange rühren, bis sich der Zucker aufgelöst hat. Dann die Hitze reduzieren, 1 TL Garam Masala und etwas Salz einrühren. Das Pickle zugedeckt etwa 45 Minuten bei kleiner Hitze köcheln lassen, dabei immer mal wieder umrühren.

4_Sobald die Möhren recht weich und die meiste Flüssigkeit verkocht ist, die eingeweichten Früchte und den übrigen Ingwer unterrühren. Mit restlichem Garam Masala und Salz nachwürzen, Deckel drauf und noch mal 30–40 Minuten kochen – jetzt allerdings öfters durchrühren und prüfen, wieviel Flüssigkeit noch da ist: Wenn das Pickle an dicke Marmelade erinnert, ist es fertig. Dann ganz heiß in gründlich gesäuberte Schraubgläser füllen, Deckel drauf und die Gläser für 10 Minuten auf den Kopf stellen. Die Gläser wieder umdrehen, auskühlen lassen. So hält das Pickle kühl gelagert gut 6 Monate.

TIPP
Gut zu Reis und super zu Geflügel, Kurzgebratenem, kaltem Braten und auch Käse.

Mango-Pickle
Für den Vorratsschrank

Zutaten für 1 Glas (1/4 l Inhalt):
2 nicht zu reife, feste Mangos
(je etwa 300 g)
1 Stück frischer Ingwer (etwa 1 cm)
1 EL Erdnussöl
1 1/2 TL Panch Phoran
1 getrocknete Chilischote
100 ml Weißweinessig
5 EL Zucker
1 Prise Kurkumapulver | Salz

Zubereitungszeit: 30 Minuten
+ 1 Stunde Kochen
Kalorien pro Glas: 735 kcal

1_Mangos schälen, das geht bei festen Früchten ganz gut mit dem Sparschäler. Dann das Fruchtfleisch entlang der Kerne abschneiden und in knapp 1/2 cm große Würfel schneiden. Den Ingwer schälen und ganz fein würfeln oder reiben.

2_Öl in einem kleinen Topf erhitzen, Panch Phoran und Chili darin bei kleiner Hitze 5 Minuten anrösten. Ingwer und Mango dazugeben, ganz kurz mitdünsten. Essig, Zucker und Kurkuma einrühren, Deckel auflegen und alles bei kleinster Hitze 50 Minuten kochen. Hin und wieder prüfen, ob noch genug Flüssigkeit im Topf ist, ansonsten wenig Wasser angießen.

3_Kurz vor Garzeitende den Deckel abnehmen, Pickle salzen, die Hitze erhöhen und das Pickle nochmals 5–10 Minuten köcheln lassen, bis nur noch wenig, leicht sirupartige Flüssigkeit übrig ist. Sofort in ein gründlich gesäubertes Schraubglas füllen und verschließen. So hält sich das Pickle kühl gelagert gut 2–3 Wochen.

TIPP
Schmeckt auch fein zu gebratenem und gegrilltem Fisch oder Fleisch, zu kaltem Braten oder Roastbeef.

Biryani mit Ei

Veggie-Kost vom Allerfeinsten

Zutaten für 4 Personen:
250 g Basmati-Reis
4 EL Milch
2 Msp. Safranfäden
etwa 6 EL Ghee
3 dicke Möhren
1/2 kleiner Blumenkohl (etwa 300 g)
150 g tiefgekühlte Erbsen oder Bohnen
3 große Zwiebeln
2 Knoblauchzehen
1 Stück frischer Ingwer (etwa 4 cm)
300 g Joghurt
2 EL gehackte Minze
2 EL gehacktes Koriandergrün
Salz │ 2 EL Rosinen
1 Zimtstange │ 4 Nelken
3 grüne Kardamomkapseln
1 Lorbeerblatt
1/2 TL Kurkumapulver
1/2 TL Chilipulver
4 Eier (Größe M)
50 g Mandelblättchen

Zubereitungszeit: 1 Stunde
+ 1 Stunde Garen
Kalorien pro Portion: 690 kcal

1_Reis im Sieb kalt abbrausen, in eine Schüssel geben, mit kaltem Wasser bedecken und 30 Minuten quellen lassen. Milch erhitzen, Safran dazubröseln, mit 1/2 TL Ghee verrühren, beiseitestellen.

2_Inzwischen die Möhren schälen, längs vierteln und diese Stifte in etwa 1 cm große Stücke schneiden. Blumenkohl waschen, Blätter und Strunkende wegschneiden. Die Röschen und den Strunk in Stücke schneiden. Erbsen oder Bohnen antauen lassen. Zwiebeln schälen und in dünne Streifen schneiden. Knoblauch und Ingwer schälen, ganz fein hacken. Joghurt gut mit Minze und dem Koriandergrün verrühren und leicht salzen.

3_In einem großen Topf etwa 1 1/2 l Wasser aufkochen, salzen. Den Reis in ein Sieb abgießen und mit den Rosinen ins sprudelnd kochende Salzwasser geben, offen knapp 5 Minuten kochen lassen. Dann in ein Sieb abgießen, kalt abbrausen und abtropfen lassen.

4_In einer großen Pfanne oder im Topf 3 EL Ghee bei kleiner Hitze heiß werden lassen. Zimt, Nelken, angequetschte Kardamomkapseln und Lorbeerblatt darin etwa 10 Minuten braten. Dann rund ein Drittel der Zwiebeln dazugeben und so lange weiterbraten, bis die Zwiebeln schön gebräunt sind.

5_Möhren und Blumenkohl dazugeben, Kurkuma und Chili darüberstreuen und unter Rühren 3 Minuten braten. Erbsen oder Bohnen, etwa die Hälfte des Joghurts und 100 ml Wasser ebenfalls unterrühren, salzen. Einen Deckel auflegen und alles etwa 15 Minuten bei mittlerer Hitze garen – das Gemüse sollte noch Biss haben.

6_Den Backofen auf 200 Grad vorheizen. Das Gemüse in eine ofenfeste Form mit Deckel (z. B. Römertopf) geben, übriges Joghurt darübergeben und glatt streichen. Darauf den Reis verteilen, glatt streichen. Jetzt noch die Safranmilch teelöffelweise darüberträufeln. Den Deckel fest auflegen und das Biryani im Ofen (Mitte, Umluft 180 Grad) 1 Stunde garen.

7_Kurz vor Garzeitende die Eier in etwa 10 Minuten hart kochen und abschrecken. Die Mandelblättchen in einer Pfanne ohne Fett goldgelb rösten, herausnehmen. 2 EL Ghee in der Pfanne heiß werden lassen und darin die übrigen Zwiebelstreifen langsam schön dunkel braten.

8_Die Form aus dem Ofen nehmen und den Inhalt auf eine große Platte leeren. Reis und Gemüse dabei schön mischen. Eier pellen, vierteln und darauf verteilen. Mit den Röstzwiebeln und den Mandeln bestreuen und gleich servieren.

Würziger Grieß

Grießbrei für Erwachsene

Zutaten für 4 Personen:
150 g Hartweizengrieß
2 kleine Tomaten
2 grüne Chilischoten
1 Stück frischer Ingwer (etwa 2 cm)
2 EL Cashewnusskerne
4 EL Ghee oder Sonnenblumenöl
1 TL halbierte, schwarze Linsen
(Urad Dal, falls welche im Haus sind)
3/4 TL braune Senfkörner
10 Curryblätter
Salz
3 EL gehacktes Koriandergrün

Zubereitungszeit: 35 Minuten
Kalorien pro Portion: 255 kcal

1_Den Grieß in einer Pfanne ohne Fett rösten, bis er duftet und ganz leicht bräunt. Sofort vom Herd nehmen und auskühlen lassen.

2_Inzwischen die Tomaten waschen und vierteln, Kerne entfernen, die Stielansätze wegschneiden, Tomaten klein würfeln. Die Chilischoten waschen, entstielen und fein hacken. Den Ingwer schälen und ebenfalls fein, die Cashewnüsse grob hacken.

3_Das Ghee oder Öl in einem Topf heiß werden lassen. Darin die Linsen, Senfkörner, Curryblätter und Cashewnüsse braten, bis die Nüsse hell bräunen. Chilis und Ingwer unterrühren, kurz mitbraten.

4_Gut 300 ml Wasser in den Topf gießen, salzen. Einmal aufkochen lassen, dann den Grieß zügig einrühren. Bei kleiner bis mittlerer Hitze etwa 10 Minuten garen, dabei immer wieder gut rühren, bis der Grieß alles Wasser aufgesogen hat.

5_Topf vom Herd nehmen und Grieß bei geschlossenem Deckel 5 Minuten nachziehen lassen. Dann mit einer Gabel auflockern und Tomaten und Koriandergrün unterrühren. Sofort servieren.

Zitronenreis

Passt ideal zu Fisch und Gegrilltem

Zutaten für 4 Personen:
250 g Basmati-Reis
Salz
2 Bio-Zitronen
1/2 TL Kurkumapulver
2 EL Kokosöl oder Ghee
2 EL geröstete, ungesalzene Erdnüsse
1 TL braune Senfkörner
1 TL halbierte, schwarze Linsen
(Urad Dal, kann man notfalls auch weglassen)
2 getrocknete Chilischoten
12 Curryblätter

Zubereitungszeit: 30 Minuten
+ 1 Stunde Einweichen
Kalorien pro Portion: 320 kcal

1_Den Reis in eine Schüssel mit ausreichend kaltem Wasser geben und etwa 1 Stunde quellen lassen. Anschließend in ein feines Sieb gießen, kalt abbrausen und abtropfen lassen.

2_In einen Topf knapp 1/2 l Wasser füllen, leicht salzen und zum Kochen bringen. Sobald das Wasser sprudelnd kocht, Reis hineinschütten. Den Reis offen 1 Minute kochen lassen, dann gut umrühren, den Deckel drauf, die Hitze auf kleinste Stufe stellen und den Reis zugedeckt 15 Minuten garen. Dann den Herd ausstellen und den Reis noch 10 Minuten auf der warmen Platte ausquellen lassen.

3_Inzwischen 1 Zitrone heiß waschen und die Schale fein abreiben. Den Saft beider Zitronen auspressen. Saft, Schale und Kurkumapulver mischen.

4_Das Öl oder Ghee in einem Pfännchen erhitzen. Erdnüsse, Senfkörner, Linsen, Chilischoten und Curryblätter hineingeben und unter Rühren rösten, bis die Körner knistern und die Erdnüsse und Linsen leicht bräunen.

5_Angerührten Zitronensaft dazurühren, dann sofort über den Reis gießen und sorgfältig mit einer Gabel untermischen. Eventuell noch etwas nachsalzen und dann sofort servieren.

Gebratener Reis

Wunderbar mit Spiegelei drauf

Zutaten für 4 Personen:
600 g gekochter Reis vom Vortag
(das sind etwa 300 g ungekochter Reis;
am besten Basmati-Reis)
1 Stück frischer Ingwer (etwa 2 cm)
1/4–1/2 TL Chilipulver
5 EL Ghee oder Sonnenblumenöl
1/2 TL Kreuzkümmelsamen (ideal:
schwarzer Kreuzkümmel – Kala Jeera)
3 Nelken │ Salz │ 4 Eier (Größe M)
3 EL gehacktes Koriandergrün

Zubereitungszeit: 20 Minuten
(+ eventuell 25 Minuten Reiskochen
ohne Abkühlen)
Kalorien pro Portion: 475 kcal

1_Sollten keine Reisreste vom Vortag da sein, wird schnell noch Reis gekocht: Die doppelte Menge Wasser (also etwa 600 ml) aufkochen, ganz leicht salzen, Reis reingeben, einmal aufkochen und bei kleinster Hitze zugedeckt in etwa 25 Minuten gar kochen. Mit der Gabel auflockern und abkühlen lassen.

2_Den Ingwer schälen und fein hacken. Mit Chilipulver in einem Schälchen mit 3 EL Wasser verrühren. In einer großen, beschichteten Pfanne 3 EL Ghee oder Öl heiß werden lassen. Kreuzkümmel und Nelken reingeben und bei mittlerer Hitze anrösten, bis es leicht knistert. Dann Chili-Ingwer-Wasser dazugeben und sofort den Reis hinterher. Schnell durchrühren und bei kleiner Hitze 2–3 Minuten unter Rühren braten. Salzen und sobald der Reis richtig heiß ist, vom Herd nehmen.

3_Übriges Ghee oder Öl in einer zweiten Pfanne heiß werden lassen und darin vier Spiegeleier braten, salzen. Sobald die Eier fertig sind, Reis mit 2 EL Koriandergrün mischen, auf Teller verteilen und je ein Ei draufgeben. Mit übrigem Koriandergrün bestreuen und gleich essen.

TIPPs

Reis wird besonders locker, wenn man ihn vor dem Kochen etwa 30 Minuten in kaltem Wasser einweicht.
Wer auf einem E-Herd kocht, sollte den Reis auf einer Platte bei großer Hitze aufkochen und ihn dann auf eine zweite, ganz niedrig erhitzte Platte schieben – so quillt er sanft aus, ohne pappig zu werden.

im Bild: Kokos-Nuss-Reis

Basic:

In Indien lässt man sich gerne in den Topf gucken – außer bei Reisgerichten. Hier heißt es definitiv: geschlossene Gesellschaft, und der Deckel bleibt drauf.

Das gilt oft auch für ganz normalen Reis. Das Prinzip ist genial einfach: Eine Portion Reis mit der doppelten Menge Wasser kurz aufkochen, Deckel drauf und bei minimaler Hitze eher quellen als kochen lassen. Der Reis gart dabei im Wasserdampf, der im geschlossenen Topf zirkuliert, und wird so richtig schön locker und körnig.

Aber Reis lässt sich mittels dieses Saunaeffekts nicht nur optimal garen, sondern zusätzlich mit würzigen Dämpfen aromatisieren: Bei Pulao-Reisgerichten werden zuerst mal Gewürze, häufig Zwiebeln und manchmal auch Fleisch oder Gemüse angebraten, dann mit Reis und Wasser gemischt und gar gedämpft. Ein Verfahren, das sich die Inder von ihren Mogulherrschern aus Kleinasien abgeschaut haben, und das man dort bis heute unter ähnlichem Namen findet: Pilaf oder Pillau.

Findige Köche perfektionierten das Pulao-Prinzip und brachten Indien die Biryanis – Gerichte, bei denen kurz angekochter Reis mit Fleisch oder Gemüse in einen Tontopf geschichtet wird. Den aufgelegten Deckel versiegelt man mit Teig oder Ton, sodass keinerlei Aroma verloren gehen kann.

Dampf-Topf-Garen

Safran-Pulao

Edle Beilage

Zutaten für 4 Personen:
300 g Basmati-Reis | 1/8 TL Safranfäden
5 EL Ghee | 1 Zimtstange | 4 Nelken
5 grüne Kardamomkapseln
2 Lorbeerblätter | 3 EL Rosinen | Salz
1 große Zwiebel | 2 EL Mandelstifte
2 EL Pistazienkerne
1 EL Rosenwasser (wer mag)

Zubereitungszeit: 35 Minuten
Kalorien pro Portion: 490 kcal

1_Reis in einem Sieb kalt abbrausen und abtropfen lassen. Safran mit 3 EL heißem Wasser in einem Schälchen verrühren.

2_In einem Topf 2 1/2 EL Ghee erhitzen. Darin ganze Gewürze bei mittlerer Hitze 3–5 Minuten rösten, bis es knistert. Reis und Rosinen dazugeben, kurz mitrösten. 600 ml Wasser und das Safranwasser dazugießen, salzen. Einmal aufkochen, Deckel drauf, 20–25 Minuten bei kleinster Hitze garen. Dann 5 Minuten bei ausgeschalteter Herdplatte nachgaren lassen.

3_Während der Reis kocht, die Zwiebel schälen und in Streifen schneiden. Das übrige Ghee in einer Pfanne erhitzen und die Zwiebel darin bei mittlerer Hitze goldbraun braten. Die Mandeln dazugeben und mitrösten, bis sie hellbraun sind. Mit den Pistazien unter den fertigen Reis heben. Wer will, träufelt vorm Servieren noch Rosenwasser darüber.

Pilz-Pulao

Fast schon ein Hauptgericht

Zutaten für 4 Personen:
250 g Basmati-Reis | 200 g Egerlinge
1 große Zwiebel | 3 EL Ghee
1 Stück Zimtrinde (5–7 cm) | 5 Nelken
3 grüne Kardamomkapseln
1/2 TL Kreuzkümmelsamen (am besten Kala Jeera, schwarzer Kreuzkümmel)
Salz

Zubereitungszeit: 25 Minuten
+ 20–25 Minuten Garen
Kalorien pro Portion: 300 kcal

1_Den Reis in einem Sieb kalt abbrausen und abtropfen lassen. Egerlinge trocken abreiben, putzen und in dünne Scheiben schneiden. Die Zwiebel schälen und in kleine Würfel schneiden.

2_Ghee in einem Topf erhitzen. Gewürze hineingeben und unter gelegentlichem Rühren bei mittlerer Hitze 2–3 Minuten braten, bis es knistert. Die Zwiebel dazugeben und hellbraun braten. Dann die Pilze dazugeben, 3 Minuten mitbraten.

3_Den Reis in den Topf geben und alles einmal gut umrühren. Dann 1/2 l Wasser dazugießen, salzen und Deckel auflegen. Jetzt etwa 15–20 Minuten bei kleinster Hitze garen, bis alles Wasser aufgesogen ist. Dann noch gut 5 Minuten auf der ausgeschalteten Platte nachquellen lassen. Den fertigen Reis mit einer Gabel auflockern und heiß servieren.

Kokos-Nuss-Reis

Doppelt Nuss ist einfach besser

Für 4 Personen:
250 g Basmati-Reis | 1 große Zwiebel
3 grüne Kardamomkapseln | 2 EL Ghee
1 Zimtstange | 4 Nelken | 400 ml
Kokosmilch | 1/4 TL Kurkumapulver
Salz | 2 EL Cashewnusskerne
2 EL Kokos-Chips | 1 EL Rosinen

Zubereitungszeit: 35 Minuten
Kalorien pro Portion: 495 kcal

1_Reis in einem Sieb kalt abbrausen und abtropfen lassen. Die Zwiebel schälen und in feine Streifen schneiden. Kardamomkapseln im Mörser anquetschen.

2_In einem Topf 1 EL Ghee erhitzen. Zimt, Kardamom, Nelken und die Zwiebel dazugeben und unter Rühren langsam bei mittlerer Hitze hellbraun braten. Den Reis dazugeben und 1 Minute unter Rühren braten. Kokosmilch und knapp 100 ml Wasser angießen, mit Kurkuma und Salz würzen. Deckel auflegen und den Reis bei kleinster Hitze etwa 15–20 Minuten garen. Dann noch gut 5 Minuten auf der ausgeschalteten Platte nachquellen lassen.

3_In einem Pfännchen übriges Ghee erhitzen. Darin Cashewnüsse, Kokos-Chips und Rosinen unter Rühren braten, bis die Nüsse hell bräunen und die Rosinen sich aufblähen. Den Reis mit einer Gabel auflockern, Nussmischung darübergeben.

Register von A – Z

Damit Sie Rezepte mit ganz bestimmten Zutaten noch schneller finden können, stehen in diesem Register zusätzlich auch beliebte Zutaten wie **Joghurt**, **Hähnchen** und **Kichererbsen** – ebenfalls alphabetisch geordnet und hervorgehoben – über den entsprechenden Rezepten.

Die Basic family
rund ums Kochen und Verwöhnen

Preis je Band 15,00 € [D]

Neu

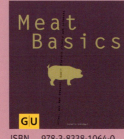
French Basics
ISBN 978-3-8338-1440-2

Meat Basics
ISBN 978-3-8338-1064-0

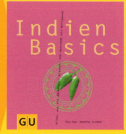
Sweet Basics
ISBN 978-3-7742-0916-3

Indien Basics
ISBN 978-3-8338-0835-7

Basic cooking 2
ISBN 978-3-8338-0446-5

Fish Basics
ISBN 978-3-8338-0077-1

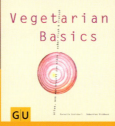
Vegetarian Basics
ISBN 978-3-7742-8795-2

Oriental Basics
ISBN 978-3-7742-6624-7

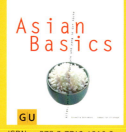
Asian Basics
ISBN 978-3-7742-4910-3

Cocktail Basics
ISBN 978-3-7742-5798-6

Italian Basics
ISBN 978-3-7742-2005-8

Basic baking
ISBN 978-3-7742-1642-6

Basic cooking
ISBN 978-3-7742-1142-1

Änderungen und Irrtum vorbehalten.

küchen götter.de
powered by GU

Einfach göttlich kochen und himmlisch speisen? Die passenden Rezepte, Küchentipps und -tricks in Wort und Film finden Sie ganz einfach unter:

www.küchengötter.de

von links nach rechts, große Gläser: Senfsaat braun, Cayennepfeffer (Chilipulver), Koriander, grüne Kardamomkapseln, Kurkuma, Cumin/Kreuzkümmel; kleine Gläser: Panch Phoran, Garam Masala, Zitronencurry

Gewürze fürs indisch Kochen, ganz einfach zu bestellen:

Basic-Set mit 6 Grundgewürzen (in 150 ml-Gläschen):
- Senfsaat braun
- Cayennepfeffer (Chilipulver)
- Koriander
- grüne Kardamomkapseln
- Kurkuma
- Cumin (Kreuzkümmel)

für 18,90 € (D) zzgl. 5,90 € (D) Versandkostenpauschale*

Komplett-Set mit 6 Grundgewürzen (in 150-ml-Gläsern, Inhalt wie links) + zusätzlich 3 fein abgestimmte Gewürzmischungen (in 50-ml-Gläschen)
- Panch Phoran
- Garam Masala
- Zitronencurry

für insgesamt 27,90 € (D) zzgl. 5,90 € (D) Versandkostenpauschale*

Unter dem Stichwort »Indien Basics« direkt zu bestellen bei: www.1001gewuerze.de
*Hinweis: Lieferung gegen Vorkasse.

Impressum

Tanja Dusy, reiselustige Redakteurin und seit Jahren erfolgreiche Autorin bei GU (mehrfach preisgekrönt: Indien – Für die Sinne). Sowohl Rezept-Ideen als auch hautnahe Erfahrungen sammelt sie auf ihren Reisen an Ort und Stelle – und zaubert daraus zuhause in ihrer Küche Versionen, die Tradition und Moderne verbinden. Für dieses Buch schrieb sie alle Rezepte und alle Know-how-Seiten.

Sebastian Dickhaut, im Basic-Boot seit Erscheinen der Reihe. Als Co-Autor bereichert er Indien Basics mit seinem anregenden Sprachwitz – bei Vorwort, Magazinseiten und den Kapiteleinführungen.
Mehr davon gibt es unter:
www.rettet-das-mittagessen.de

Fragen, Ideen, Kritik? Bitte an:
tanja.dusy@graefe-und-unzer.de
info@sebastian-dickhaut.de
sabine.saelzer@graefe-und-unzer.de

Doris Birk	Programmleitung
Birgit Rademacker	Leitende Redakteurin
Sabine Sälzer	Projektleitung, Redaktion
engels + partner, Thomas Jankovic Sybille Engels	Gestaltung & Layout, Cover, Illus Illustrationen der Kapitelaufmacher
Redaktionsbüro Christina Kempe	Lektorat, Satz/DTP, Gestaltung
Barbara Bonisolli Hans Gerlach Alexander Kühn Claudia Juranits	Foodfotografie Foodstyling Assistenz Foodstyling Mitarbeit im Studio Bonisolli
Alexander Walter Florian Peljak	Peoplefotografie Foto-Assistenz
Sigrid Burghard Tanja Dusy Dagmar Reichel	Food & Styling bei der People-Fotoproduktion
Coco Lang	Stillife-Fotos Regal und Tisch, Gewürze
Uwe Alexander Kirsten	Fotoassistenz

Susanne Mühldorfer Herstellung

Der Basic-Freundeskreis als Models:
Sigrid Burghard, Janna Sälzer, Gabie Schnitzlein, Marc Strittmatter; **Gäste:** Erdmute Albat, Lea Albat, Sabita Banerjee

Petra Bachmann: Schlusskorrektur
Repro: Repro Ludwig
Druck: aprinta, Wemding
Bindung: Sellier, Freising

Bildnachweis:

Barbara Bonisolli: alle Rezeptfotos im Studio, Stepfotos auf S. 20/21, außerdem die Motive auf S. 61 (links), 110 (Mitte)

Alexander Walter: alle Peoplefotos mit den Basic-Models, außerdem die Motive auf S. 3 (unten), 4/5, 7, 25, 31, 32, 34/35, 41, 42 (rechts), 47 (links), 49 (rechts), 51 (rechts), 53, 65 (links), 67 (rechts), 71 (links), 85, 86 (Mitte), 87 (links), 91 (links), 100 (Mitte), 103, 105 (rechts), 111 (links), 119, 133

Coco Lang: Regalmotiv S. 14/15, Tischmotiv S. 26/27, außerdem die Motive auf S. 61 (rechts), 72 (Mitte), 75 (links u. rechts), 88, 98 (rechts), 101 (rechts), 108, 120 (Mitte), 127 (links), 128 (Mitte), 134 (Mitte), 135 (links), 143, 144 (Sebastian Dickhaut)

Tanja Dusy: Motive auf S. 3 (links), 8, 9, 10, 11, 18, 23, 38, 39, 58, 59, 80, 81, 82 (rechts), 96, 97, 116, 117, 123 (Mitte), 144

engels + partner, Thomas Jankovic und Sybille Engels: Titel-Chilis, alle Illus

ISBN 978-3-8338-0835-7

2. Auflage 2009

GRÄFE UND UNZER

Ein Unternehmen der
GANSKE VERLAGSGRUPPE